Sämtliche Sprachkurse und Seminar-Videos finden Sie auf

www.birkenbihl-sprachen.de

sowie

www.birkenbihl.tv

Die Internetangebote werden laufend aktualisiert und erweitert.

Vera F. Birkenbihl, Rainer Gerthner
»Arbeitsbuch für Französisch lernen für Einsteiger 1+2«

Korrektorat: Yvon Arsenijevic, Rainer Gerthner, Isabel Weiler, Martina Rohfleisch
Lektorat Einführung: Anke Schenker, Eva Harker, Rainer Gerthner
Dekodierung: Rainer Gerthner
Umschlagfoto: shutterstock.com
Umschlag + CD-Gestaltung: Beate B. Köhler
Satz: Beate B. Köhler
Lithografie und Herstellung: Robert B. Osten
Sprecher Sprachkurs: Chantal Schlicht-Mossaz, Yvon Arsenijevic
Sprecher Einführung: Vanida Karun, Günter Merlau
Remastering: Robert B. Osten

5. korrigierte Auflage
ISBN 978-3-98584-007-6

Besuchen Sie auch unsere Websites:
www.birkenbihl-sprachen.de | www.birkenbihl.tv | www.klarsicht-verlag.de

Inhaltsverzeichnis

Einführung

Arbeitsblätter

Herzlich willkommen!

Sie wollen eine neue Sprache lernen, und zwar so schnell und leicht wie möglich. Mit diesem Sprachkurs werden Sie bei minimalem Lerneinsatz sehr rasch vorankommen, denn er ist nach der Birkenbihl-Methode aufgebaut. Mit ihr werden Sie leichter lernen als je zuvor. Die wichtigste Grundregel lautet nämlich: *Vokabel- und Grammatikpauken verboten!*

Da das Lernen nach der Birkenbihl-Methode von Ihren bisherigen Erfahrungen beim Fremdsprachenlernen sicher sehr stark abweicht, möchten wir Sie bitten: **Nehmen Sie sich einige Minuten Zeit, um diese Einleitung aufmerksam zu lesen.** Später werden Sie ein Vielfaches dieser Zeit einsparen.

Die 4 Schritte der Birkenbihl-Methode auf einen Blick

SCHRITT 1: DIE BEDEUTUNG ERFASSEN

Lesen Sie den deutschen Text aufmerksam durch und versuchen Sie, sich die Handlung bildhaft vorzustellen. *Machen Sie aus dem geschriebenen Text einen fantasievollen Film, der vor Ihrem geistigen Auge abläuft.* Anschließend lesen Sie den deutschen Text der Wort-für-Wort-Übersetzung (= Dekodierung) durch und stellen sich die Handlung so bildhaft wie möglich vor.

SCHRITT 2: HÖREN/AKTIV

Aktives Hören bedeutet, dass Sie den geschaffenen Film mit der Fremdsprache verknüpfen. Dazu hören Sie sich die Aufnahme des Textes in langsamer Sprechgeschwindigkeit an und lesen gleichzeitig die Dekodierung mit.

Bei diesem Schritt verbindet Ihr Gehirn den Film mit den fremdsprachigen Worten. Wenn Sie diese Übung einige Male wiederholen, ist es Ihrem Gehirn bald egal, ob es das deutsche oder das fremdsprachige Wort hört.

SCHRITT 3: HÖREN/PASSIV

Lassen Sie die CD oder Audiodatei mit dem Text in normaler Sprechgeschwindigkeit leise im Hintergrund laufen, ohne (bewusst) zuzuhören. Bei diesem Schritt lernen Sie gewissermaßen passiv, während Sie Ihrer Arbeit oder Ihren Hobbys nachgehen. Ihr Unterbewusstsein gewöhnt sich nun an die Aussprache und den Klang der Fremdsprache.

SCHRITT 4: PRAXIS! SPRECHEN – LESEN – SCHREIBEN

Trainieren Sie das Sprechen, Lesen und Schreiben in der Fremdsprache. Setzen Sie dabei eigene Schwerpunkte, und bereiten Sie sich gezielt auf bestimmte Situationen vor. Lassen Sie sich von einigen Beispielen inspirieren:

Sprechen: Eine einfache und sehr effektive Methode, das Sprechen zu üben, ist das Mitsprechen im Chor. Schon nach kurzer Zeit ahmen Sie die Aussprache der Sprecher perfekt nach.

Lesen: Üben Sie das Lesen, indem Sie den fremdsprachigen Text lesen. Sie werden sehen, wie gut Sie ihn nun auch ohne die deutsche Dekodierung verstehen.

Schreiben: Schreiben Sie den Text ab, oder üben Sie das klassische Diktat. Lassen Sie sich den Text von der CD oder Audiodatei diktieren. Wählen Sie Ihr Tempo selbst, indem Sie das Abspielen mit der Pausen-Funktion so lange unterbrechen, bis Sie den Text geschrieben haben.

Die 7 Garanten für Ihren Erfolg beim Sprachenlernen mit der Birkenbihl-Methode

1. **Vokabelpauken verboten!** Oder haben Sie Ihre Muttersprache durch Auswendiglernen einzelner, isolierter Wörter gelernt? Na eben!
2. **Sie lernen nur, was Sie lernen wollen,** wobei wir als Minimum das (verstehende) Hören der Fremdsprache voraussetzen.
3. **Sie entscheiden, ob Sie auch das Sprechen, Lesen und/oder Schreiben lernen wollen.** Wer sich vor allem unterhalten will, braucht nur das (verstehende) Hören und Sprechen zu lernen. Wer lesen und/oder schreiben können will, lernt auch das Lesen und/oder Schreiben. Warum sollen alle Lernenden (wie in der Schule) über einen Kamm geschoren werden, wenn jede/r andere Bedürfnisse hat?
4. **Grammatikregeln sind unnötig.** Wenn Sie nicht zu den 3% der Menschen gehören, für die Grammatik ein Genuss ist, dann brauchen Sie sich bei der Birkenbihl-Methode mit keiner einzigen Grammatikregel auseinanderzusetzen. Schließlich haben Sie ja auch Ihre Muttersprache so gut wie Ihre Umwelt gesprochen, ehe Sie (in der Schule) das erste Mal mit Grammatik konfrontiert worden sind!
5. **Sie brauchen keinen Lehrer.** Letztendlich muss man jede Sprache in den eigenen Kopf bekommen. Wenn die Lernmaterialien richtig aufgebaut sind, benötigen Sie keinen Unterricht, der die Lücken im Lehrbuch füllen soll.
6. **Sie brauchen keine Mitschüler!** Denn es hilft Ihnen nichts, wenn Sie die Fehler Ihrer Mitschüler als »Vorbild« zu hören bekommen; sonst ahmen Sie diese nach statt der guten Vorbilder auf den CDs bzw. im Onlinekurs oder in den MP3-Dateien! Denn das Imitieren dessen, was man hört, ist der Schlüssel zum Erfolg – so haben Sie auch Ihre Muttersprache gelernt. Je öfter Sie sich mit den guten Vorbildern dieses Kurses umgeben, desto schneller werden Sie in der Fremdsprache fühlen, denken und (re)agieren können!
7. **Ein Großteil der Lernarbeit wird an das Unterbewusste delegiert.** Nach dem Motto: Wenig aktive Lernzeit investieren, dafür möglichst oft passiv (nebenbei) hören! Diese Phase des passiven Hörens kostet keine Extraminute Ihrer Zeit!

Sprachenlernen ist leicht – auf die Methode kommt es an!

Die meisten Menschen glauben, sie hätten kein Sprachtalent. Sie halten die wenigen Menschen, die auf diesem Gebiet erfolgreich sind, für Ausnahmen. Das stimmt jedoch nur bedingt. Mit der falschen Lernmethode werden nur wenige Super-Begabte lernen können. Aber: *Mit der richtigen Methode können auch Normalbegabte erfolgreich sein!*

Die Birkenbihl-Methode ist deshalb so effektiv, weil sie *gehirn-gerechtes Lernen* ermöglicht. Die vier Lernschritte zielen darauf ab, die *Struktur der Fremdsprache transparent zu machen.* Da das Gelernte schnell und leicht im Unterbewusstsein verankert wird, wird es weit besser behalten und kann bei Bedarf sicher abgerufen werden.

Sie müssen überhaupt nicht glauben, dass es funktioniert! Zweifeln Sie nach Herzenslust, aber machen Sie einen fairen Selbstversuch. Befolgen Sie die einfachen *Spielregeln zum sicheren Sprachlernerfolg* und überzeugen Sie sich selbst. Beweisen Sie sich, dass auch Sie mit Freude erfolgreich Sprachen lernen können. Dabei gewinnen Sie nicht nur Sprachkenntnisse, sondern stärken auch Ihr Selbstwertgefühl, denn jede Verbesserung irgendeiner Fertigkeit bewirkt genau das. Deshalb macht das *Lernen mit diesem Kurs nach der Birkenbihl-Methode wirklich Freude,* wie Sie sehr bald sehen werden.

DIE VIER SPRACHLICHEN GRUNDFERTIGKEITEN

Wenn wir uns mit Sprache befassen (auch mit unserer Muttersprache), dann gibt es *vier verschiedene Fertigkeiten,* die wir mehr oder weniger gut beherrschen:

- **Hören** (verstehen, begreifen, was jemand sagt),
- **Sprechen,**
- **Lesen** (leise oder laut vorlesen) und
- **Schreiben** (abschreiben, nach Diktat oder frei schreiben).

Merke: Wer in seiner Muttersprache gut verstehen (hören) kann, der kann dies auch in anderen Sprachen lernen. Anders ausgedrückt: *Wer in seiner Muttersprache gut und flüssig sprechen kann, der kann auch lernen, in anderen »Zungen« zu reden!* Aber auch das Gegenteil ist richtig: *Wer in seiner Muttersprache lieber zuhört, als aktiv zu erzählen, der wird in einer anderen Sprache ähnlich reagieren!*

Und wer in seiner Muttersprache ungern (oder schlecht) liest (oder Briefe schreibt), der wird auch ungern in einer anderen Sprache lesen oder schreiben. Trotzdem versuchen die meisten SprachlehrerInnen (die es natürlich gut meinen), ihren jungen oder erwachsenen Lernern alle vier Fertigkeiten in gleichem Umfang beizubringen. Das müssen sie auch, wenn sie mit Gruppen arbeiten. *Aber Sie, liebe Leserin, lieber Leser, Sie können sich Ihren Lernweg selbst aussuchen.* Möchten Sie nur hören und verstehen können, um schon bald Fernsehsendungen und Filme in Ihrer Wunschsprache zu verfolgen? Warum sollten Sie sich dann mit dem Schreiben quälen, wenn Ihnen das keinen Spaß macht? Das ist der große Vorteil, den Sie als erwachsener Selbstlerner haben: Sie allein entscheiden, was Sie können wollen. Und das lernen Sie dann mit der Birkenbihl-Methode!

So, nun wissen Sie genug, um zu erfahren, was Sie konkret tun sollen, damit Sie noch heute beginnen können, schnell und leicht die von Ihnen gewählte Sprache zu lernen! Wetten, dass auch Sie sich in Zukunft über Ihre stetigen Erfolgserlebnisse freuen werden?! Auch wenn Sie jetzt noch zweifeln, hoffe ich, dass Sie den Versuch wagen und sagen: »Top, die Wette gilt!«

Die 4 Schritte der Birkenbihl-Methode

SCHRITT 1: DIE BEDEUTUNG ERFASSEN

Lesen Sie den deutschen Text aufmerksam durch und versuchen Sie, sich die Handlung bildhaft vorzustellen. Fragen Sie sich: Worum geht es in diesem Text? *Diese Übung soll aus dem geschriebenen Text einen fantasievollen Film machen,* der vor Ihrem geistigen Auge abläuft. Je lebendiger Sie sich die Handlung vorstellen, desto leichter wird Ihnen (in Schritt 2) das Verstehen der fremden Sprache fallen.

Nachdem Sie den deutschen Text visualisiert haben, nehmen Sie sich den Text in der deutschen Dekodierung mit einem Farbstift vor: Lesen Sie die Dekodierung langsam durch, und stellen Sie sich das Gelesene wieder bildlich vor. Sorgen Sie dafür, dass Sie wirklich verstehen, worum es geht, was passiert, wer zu wem spricht etc.

Den deutschen Text sowie die Dekodierung finden Sie auf den Arbeitsblättern ab Seite 11, die auch als PDF-Datei diesem Kurs beigefügt sind. Diese Arbeitsblätter sind absichtlich in schwarzweiß gehalten, damit Sie sie mit farbigen Stiften bearbeiten können.

Diese wortwörtliche Übersetzung kann teilweise sehr amüsant wirken. Lassen Sie sich spielerisch und mit Neugierde auf diese Erfahrung ein. So wird der fremdsprachige Text vom ersten Wort an transparent.

Wenn Sie noch keine Vorkenntnisse haben, dann lesen Sie zu diesem Zeitpunkt bitte ausschließlich den deutschen Text der Dekodierung! Kümmern Sie sich überhaupt noch nicht um die Wörter der Fremdsprache. Malen Sie das Deutsche mit einem farbigen Stift an, damit Ihre Augen dieser »Spur« leicht folgen können.

Haben Sie hingegen bereits Vorkenntnisse, dann lesen Sie den fremdsprachigen Text langsam, aber nur solange Sie jedes Wort sofort und sicher deuten können. Sie wollen ganz genau verstehen, was der Text Ihnen vermitteln möchte! Wann immer Sie auf ein Wort treffen, das Ihnen nicht sofort klar ist, dann gilt: Malen Sie die deutsche Dekodierung unter diesem Wort an. So werden Ihre Augen später an dieser Stelle automatisch das farbig markierte deutsche Wort erfassen!

Eine Besonderheit, die den *Lernerfolg fördert,* besteht darin, dass Sie sich bei der Birkenbihl-Methode immer nur auf *einen einzigen Aspekt* konzentrieren. In Schritt 1 geht es daher nur um das Verständnis. In manchen Kursen wird zwar bereits eine Übersetzung angeboten, aber wiewohl eine sogenannte »gute Übersetzung« bereits förderlich ist, ist die Dekodierung noch hilfreicher, denn dadurch erschließt sich Ihnen die Struktur der Fremdsprache vom ersten Satz an.

Ist der dekodierte Text dem »guten Deutsch« sehr ähnlich, dann ist diese Art von Satz für uns leicht zu lernen. Weicht das »Pseudo-Deutsch« hingegen vom »guten Deutsch« ab, so registrieren Sie dies unbewusst und können sich diese Struktur genauso leicht unbewusst einprägen, wie Sie einst die typischen Strukturen Ihrer Muttersprache gelernt haben.

Beim Lesen der Wort-für-Wort-Übersetzung darf gelacht werden! »Pseudo-Deutsch« kann sehr erheiternd wirken, da ja die fremdsprachige Satzkonstruktion der deutschen nicht immer entspricht. Allerdings sollte uns klar sein, dass gerade jene »witzigen« Satzstrukturen für nicht-deutschsprachige Menschen, die Deutsch lernen, sehr schwierig sind, weil unsere sprachliche Form ihnen genauso komisch erscheint. Das vergessen wir oft, wenn uns die »fremde« Formulierung eigenartig anmutet.

SCHRITT 2: HÖREN/AKTIV

In dieser Phase arbeiten Sie mit dem *dekodierten Text* und der *langsamen fremdsprachigen Version.*

Aktives Hören bedeutet, dass Sie die in Schritt 1 gemachten Bilder mit den fremdsprachigen Wörtern verknüpfen. *In diesem Moment verbindet Ihr Gehirn Ihr Bild mit dem entsprechenden Wort der Fremdsprache.* Wenn Sie diese Übung einige Male wiederholen, ist es Ihrem Gehirn bald egal, ob es das deutsche oder fremdsprachige Wort hört. Es wird Ihnen in beiden Fällen das gleiche Bild anbieten. Mit anderen Worten: Sie verstehen den Text nun auch in der von Ihnen gewählten Fremdsprache. Ganz nebenbei haben Sie in dem Moment des Verstehens die fremdsprachige *Sprachstruktur* mitgelernt.

Wenn Sie EinsteigerIn sind, hören Sie jetzt Satz für Satz und lesen Sie dabei die deutsche Dekodierung mit. Satz für Satz bedeutet im Klartext, dass Sie zunächst wirklich nach jedem Satz die Pause-Funktion Ihres Abspielgeräts betätigen. Dies gibt Ihnen genügend Zeit, sowohl den fremdsprachigen Klang auf sich wirken zu lassen, als auch die Bedeutung zu registrieren!

Wenn Sie Vorkenntnisse haben, können Sie gleich den fremdsprachigen Text mitlesen, wobei Sie neue fremdsprachige Wörter überspringen, weil Sie an deren Stelle die deutschen Wörter lesen, die Sie bei Schritt 1 farbig markiert haben.

Sie erinnern sich, dass Sie mit der Birkenbihl-Methode jeweils nur einen einzigen Aspekt trainieren. In Schritt 1 war dies das Verstehen des Textes. In *Schritt 2* binden Sie dieses Verständnis an den *Klang der fremdsprachigen Wörter.* Das ist enorm wichtig! Deshalb müssen Sie Schritt 2 langsam durchlaufen! Bedenken Sie bitte, dass Sie insgesamt enorm viel Zeit sparen, weil Sie anders vorgehen als früher. Da musste man zuerst Vokabeln büffeln und den Text mühselig entziffern. All das fällt jetzt weg! Deshalb können Sie sich beim Hören/AKTIV wirklich Zeit lassen: *Je gründlicher Sie diesen Schritt durchlaufen, desto mehr Zeit werden Sie später einsparen!*

Auf diese Weise gehen Sie den Text abschnittsweise (ganz langsam und gemütlich) so lange durch, bis Sie den dekodierten Text nicht mehr brauchen. Sie können jetzt jeden Satz dieses Abschnittes (ohne Benutzung der Pause-Funktion) verstehen, ohne den deutschen Text mitzulesen.

Am Ende von Schritt 2 ist es für Ihr Gehirn vollkommen egal, ob Sie diesen Text in der Fremdsprache oder in Ihrer Muttersprache hören, weil Sie ihn auf jeden Fall hervorragend verstehen werden!

Wenn Sie anfangen, sich mit der langsamen Sprechgeschwindigkeit zu langweilen, ist der Moment gekommen, auf die normale Sprechgeschwindigkeit umzusteigen.

SCHRITT 3: HÖREN/PASSIV

In diesem Schritt lernen Sie nicht bewusst, sondern mit dem *Unterbewusstsein,* während Sie Ihrer Arbeit oder Ihren Hobbys nachgehen. Ihr Unterbewusstsein gewöhnt sich nun an die Aussprache und den Klang der fremden Sprache.

Gleichzeitig lernen Sie auch die Satzstruktur, die Sie durch die Dekodierung bereits registriert haben und die sich bei jeder weiteren passiven Wiederholung tiefer ins Unterbewusstsein einschleift! *Das geht kinderleicht, da Sie bei jedem Passivhören quasi einen Mini-Aufenthalt im Zielland erleben.* Einen Mini-Aufenthalt, der Sie keine Extraminute Ihrer wertvollen Zeit (und kein Geld) kostet.

Ich weiß, dass viele Menschen die Idee des passiven Lernens zunächst ablehnen, weil der sogenannte gesunde Menschenverstand (d. h. unsere »Programmierung« aus der Kindheit) dagegenspricht. Bitte bedenken Sie jedoch, ehe Sie diesen Schritt vielleicht ablehnen: *Passives Lernen kostet keine einzige Minute Ihrer wertvollen Zeit!* Passives Hören läuft »völlig nebenbei« ab! So sehen Sie sich z. B. einen spannenden Krimi im Fernsehen an und lassen gleichzeitig leise Ihren Sprachentext im Hintergrund laufen. Je mehr Sie sich auf den Film konzentrieren, desto besser! Oder Sie lassen die Audio-Datei leise laufen, während Sie Musik hören und/oder lesen. Es kostet Sie ja keine Zeit, das Experiment zu wagen, oder?!

Passives Hören kann allerdings nur funktionieren, wenn wir nicht alle zwei Minuten die Wiedergabe neu starten müssen. Daher empfehlen wir Ihnen, eine automatische Wiederholung zu programmieren. Wichtig ist, dass Sie sich in Schritt 2 *genug Zeit* gelassen haben, sodass Sie jetzt wirklich alles mühelos verstehen können.

Beachten Sie, dass die verschiedenen Arbeitsschritte parallel durchgeführt werden: Während Sie einen speziellen Textabschnitt (tagelang, so oft wie möglich) passiv hören, beginnen Sie natürlich bereits mit den nächsten Textabschnitten (Schritt 1 und Schritt 2)!

Wenn Ihnen später Schritt 4 schwierig erscheint, liegt es nicht etwa daran, dass er schwierig ist, *sondern dass Sie zu früh mit Schritt 4 begonnen haben.* In diesem Fall heißt es: diesen Textabschnitt weiterhin passiv hören.

Genau hierin liegt ein wesentlicher Unterschied zum klassischen Sprachenlernen. Dabei geht man nämlich davon aus, dass alle Lernvorgänge in etwa gleich lang dauern, aber das ist nicht so. So kann Frau Peters z. B. 10 Minuten für Schritt 1 benötigen, während sie für Schritt 2 eine Stunde braucht (weil sie noch ganz am Anfang steht).

Es ist möglich, dass sie erst in drei Wochen die ersten Sprech-Aktivitäten mit diesem Textabschnitt beginnt, während sie mit späteren Lektionsabschnitten bereits die Schritte 1 und 2 durchlaufen hat und nun auch diese Abschnitte passiv (Schritt 3) zu hören beginnt. Und es kann sein, dass Frau Peters zu einem bestimmten Zeitpunkt die ersten beiden Lektionen voll beherrscht (Sprechen, Lesen und/oder Schreiben) und mit Schritt 4 gerade bei der dritten Lektion beginnt, während sie mit dem aktiven Hören (Schritt 2) bereits bis zur letzten Lektion vorgedrungen ist.

Es gibt sehr viele Gelegenheiten, bei denen Sie passiv hören können: z. B. beim Spazierengehen, Lesen, Fernsehen, während Sie Ihrem Hobby oder Ihrer Arbeit nachgehen.

SCHRITT 4: PRAXIS! SPRECHEN – LESEN – SCHREIBEN

Jetzt kennen Sie den Text (fast) auswendig, daher können Sie nun gezielt Lern-Aktivitäten mit großem Erfolg planen und durchführen. Dieser Lernschritt beinhaltet sehr viele Möglichkeiten, diesen Kurs nach Ihren speziellen Wünschen zu gestalten. Neben den hier vorgestellten finden Sie eine Vielzahl in meinem Buch »Sprachenlernen leichtgemacht«, das ebenfalls im Klarsicht Verlag erschienen ist (ISBN 978-3-98584-202-5).

Die Fremdsprache sprechen lernen

Es ist viel leichter, als Sie vielleicht befürchten. Wer in der Schule Probleme mit dem Sprechen einer Fremdsprache hatte, der erinnere sich: Wir mussten immer viel zu früh sprechen! Beim Vokabellernen sollten wir die Wörter zumindest halblaut murmeln, d. h. zu einem Zeitpunkt, als wir noch gar nicht wussten, wie sie klingen würden (es fehlten die Schritte 2 und 3)! Und im Unterricht sollten wir Sätze sagen, deren Sinn wir noch gar nicht begriffen hatten (es fehlten die Schritte 1 und 2)!

Allerdings gab es einmal eine hervorragende Technik, das Sprechen zu lernen, nämlich das gemeinsame *Sprechen im Chor* mit der Klasse. Wer eine Sprache auf diese Weise gelernt hat, der kann noch zwanzig Jahre danach ganze Passagen rezitieren und weiß auch genau, was er da erzählt. Leider wurde diese Technik in den meisten Schulen abgeschafft!

Aber dank der modernen Technik können Sie mit Ihrer CD (oder Ihrem Audio-Player im Computer, Smartphone oder Tablet) im Chor sprechen, wann immer, wo immer und wie oft Sie wollen. Das geht so: Zuerst drehen Sie die Lautstärke relativ stark auf, während Sie ziemlich leise mitsprechen. Nach einer Weile können Sie den Ton Ihrer Vorbilder immer leiser drehen, weil Sie jetzt lauter und mit mehr Selbstvertrauen sprechen.

Nach einigem Training ist der Ton der CD/des Players fast nicht mehr zu hören. Genauso wie Sie das dekodierte »Pseudo-Deutsch« nur vorübergehend als »Krücke« benutzen, brauchen Sie den Originalton nun lediglich als Stütze.

Und so sollte Lernen auch vonstatten gehen: Als Kind sind Sie auf allen Vieren gekrochen, ehe Sie laufen konnten. Aber als Sie sich dann aufgerichtet haben, konnten Sie sehr schnell ohne Stütze gehen und bald auch laufen, springen, Rollschuhfahren und vieles mehr!

Wenn Sie einen Text auf diese Weise durch die vier Schritte »gezogen haben«, dann heißt das: Alles, was die Personen in den Lektionen sagen oder denken, können Sie hinterher mit derselben Sicherheit sagen oder (laut bzw. leise) denken! Und Ihre Aussprache klingt nicht »typisch deutsch«, sondern (fast) wie die eines Einheimischen. Man muss es erprobt haben, um zu erleben, wie leicht es geht!

Wer einen Text mit der Chor-Methode trainiert, wird später – im »richtigen« Leben – in vergleichbaren Situationen mit ganzen Sätzen aus der Lektion reagieren, und zwar automatisch! Darüber muss man nicht nachdenken, es »passiert« einfach. Wenn es das erste Mal geschieht, ist man meistens selbst völlig verblüfft und fragt: »Habe ich das gesagt?« Ja, das haben Sie gesagt, denn durch das Lernen Schritt für Schritt nach der Birkenbihl-Methode haben sich die Grundstrukturen und Satzmuster der Fremdsprache in Ihr Unterbewusstsein eingeschliffen.

In einer konkreten Situation in den Ländern, in denen die von Ihnen gewählte Sprache gesprochen wird, werden diese Muster aktiviert; wenn Sie nun sprechen, wiederholen Sie nicht nur die Ihnen bekannten Sätze aus dem Buch, sondern Sie sind automatisch in der Lage, innerhalb der Ihnen vertrauten Muster einzelne Elemente nach Bedarf spontan zu variieren, also Ihre »eigenen« Sätze zu bilden. Das muss so laufen, weil Sie durch die Birkenbihl-Methode gewissermaßen in die neue Sprache »eintauchen«, d. h., Sie lernen, diese zu denken!

Die Fremdsprache lesen lernen

Wenn Sie lesen lernen wollen, dann können Sie sich jetzt mit dem fremdsprachigen Text beschäftigen. Beginnen Sie dabei mit der Dekodierung. Diesmal markieren Sie jedoch mit einem Stift anderer Farbe den Originaltext, damit Ihre Augen diesem gut folgen können, während Sie den Text wieder bewusst hören und dabei Wort für Wort mitlesen.

Aktivieren Sie die *Pause-Funktion*, sooft Sie wollen. Lassen Sie sich Zeit! Fahren Sie in dieser Weise fort, bis Sie den Text lesen können, ohne zwischendurch auf die Dekodierung zu schielen.

Die Fremdsprache schreiben lernen

Wenn Sie schreiben lernen wollen, dann gibt es viele Möglichkeiten zu üben, z. B. schreiben Sie Textpassagen aus dem Lehrbuch ab, die Ihnen gefallen oder die Wörter enthalten, die Sie besonders interessieren. Oder Sie kopieren einige Textabschnitte aus dem Originalbuch; dann übermalen Sie einige Wörter mit Tipp-Ex. Nun können Sie testen, ob Sie beim Abschreiben die fehlenden Wörter auswendig wissen und ergänzen können.

Sie können natürlich auch die langsame Version verwenden, um nach Diktat zu schreiben. Arbeiten Sie auch hier wieder mit der Pause-Funktion, sooft Sie wollen, bis Sie einen Satz in Ruhe geschrieben haben.

Das waren einige erste Anregungen. Beweisen Sie sich, dass auch Sie leicht und mit Faszination Fremdsprachen lernen können. Sie erinnern sich an unsere Wette? *Ich wette, dass es Ihnen viel Freude machen wird!*

Drei Ratschläge für Ihren Erfolg

1. PERSÖNLICHE ZIELSETZUNG

Wenn Sie genau wissen, warum Sie die von Ihnen gewählte Sprache sprechen wollen und es sich auch in vielen Einzelheiten bildlich vorstellen können (z. B. wie Sie mit Ihrem Wohnmobil durch das entsprechende Land fahren und sich mit »Einheimischen« fließend unterhalten können), dann »schaltet« Ihr Gehirn bei allen Informationen, die mit dieser Zielrichtung zu tun haben, automatisch auf Empfang. Das heißt für die Praxis, dass Sie mit einem klaren Ziel vor Augen viel aufmerksamer und damit erfolgreicher lernen werden. Denn das beste Werkzeug ist für Sie nur dann von Nutzen, wenn Sie eine klare Vorstellung haben, wofür Sie es verwenden wollen.

2. INDIVIDUALISIEREN SIE IHRE UNTERLAGEN

Nehmen Sie Farbstifte und machen Sie diesen Kurs zu Ihrem Kurs. Unterstreichen oder umkreisen Sie, was Ihnen besonders wichtig ist oder was Ihnen besonders merkwürdig erscheint. Tun Sie dies insbesondere bei der Wort-für-Wort-Übersetzung. Je bunter, desto besser, denn Farben unterstützen Ihre kreative Seite.

3. NEHMEN SIE SICH ZEIT!

Gehen Sie langsam durch die vier Schritte der Birkenbihl-Methode, denn dann werden Sie langfristig ca. drei Viertel der normal zu veranschlagenden Lern-Zeit einsparen können! Dazu eine kleine Geschichte:

> Till Eulenspiegel saß am Wegesrand, als eine Kutsche mit vier Pferden aus der Entfernung heranraste. Als sie vor ihm hielt, schrie der Kutscher: »Wie weit ist es noch zur Stadt?« Eulenspiegel antwortete: »Wenn Ihr langsam fahrt, werdet Ihr in zehn Minuten dort ankommen. Rast Ihr hingegen, wird es Stunden dauern.« Darauf der Kutscher: »Idiot!« Er drosch auf die Pferde ein und preschte davon. Eulenspiegel begann langsam in Richtung Stadt zu wandern. Als er eine halbe Stunde gegangen war, begegnete er dem Kutscher, dessen Kutsche im Graben lag. »Was ist passiert?«, fragte Eulenspiegel. »Achsenbruch«, antwortete der Kutscher. »Ich sagte es Euch ja«, erklärte der Schelm schmunzelnd: »Wenn Ihr es langsam angeht, kommt Ihr weit schneller voran, als wenn Ihr meint, besonders schnell vorgehen zu müssen!«

Prolog: Erster Kontakt

1P|01 S:[1] Guten Tag. Sie werden eine Reise antreten. Eine Reise in die französische Sprache. Lernen macht Spaß und ist leicht, wenn man die richtige Methode hat.

1P|02 M: Folgen Sie unseren Anweisungen im Handbuch. Beginnen Sie langsam, und entspannen Sie sich. Lassen Sie sich Zeit. Niemand drängt Sie. Folgen Sie Ihrem eigenen Rhythmus. Sie werden sehr schnell sehen, was das Wichtigste ist:

1P|03 S: Sie machen bei jedem Satz, den Sie lernen, Fortschritte. Das macht Spaß …

1P|04 M: … und gibt Ihnen Selbstvertrauen.

1P|05 S: Beginnen wir mit Ihnen persönlich. Stellen Sie sich vor, dass Sie jemanden zum ersten Mal treffen.

1P|06 M: Was ist es, das Sie Leuten beim ersten Mal über sich selbst sagen?

1P|07 S: Ich sage ihnen meinen Namen. Und Sie?

1P|08 M: Ich auch. Also, beginnen wir damit: Ich heiße Michel Lebois.

1P|09 S: Angenehm.

1P|10 M: Ganz meinerseits. Und Sie, wie heißen Sie, bitte?

1P|11 S: Sophie Grandpied.

1P|12 M: Guten Tag, Frau Grandpied. Frau Grandpied, ist das richtig so?

1P|13 S: Ja. Es ist einfach. Denken Sie an einen großen Fuß.

1P|14 M: Mein Name ist auch einfach. Denken Sie an „Holz“, und fügen Sie einfach „Le“ hinzu: Le-bois.

Dekodierte Fassung

Prologue: Premier contact
Prolog: Erster Kontakt

1P|01 S: Bonjour. Vous allez partir en voyage. Un voyage dans
Guten_Tag. Sie gehen[2] abzufahren auf eine Reise. Eine Reise in

la langue française. Apprendre, c’est amusant et facile quand
die Sprache französische. Lernen, das_ist vergnüglich und leicht wenn

on a la bonne méthode.
man hat die gute Methode.

1P|02 M: Suivez nos indications dans le manuel. Commencez
Folgen Sie unseren Anweisungen in dem Handbuch. Beginnen Sie

---

1 Um Ihnen die Orientierung zu erleichtern, sind einander entsprechende Absätze im deutschen Text, in der dekodierten Fassung und in der französischen Fassung jeweils mit gleichen Nummern versehen. Auf jede Nummer folgt der abgekürzte Name des/der jeweils Sprechenden („S“ für Sopie und „M“ für Michel).

2 Anstatt „ich werde schreiben“, „du wirst lesen“, „er wird rechnen“ usw. sagt man im Französischen oft „ich gehe zu schreiben“, „du gehst zu lesen“, „er geht zu rechnen“ usw.

lentement et détendez-vous. Prenez votre temps. Personne
langsam und entspannen_Sie_sich. Nehmen Sie Ihre Zeit. Niemand[3]

ne vous presse. Suivez votre propre rythme. Vous
nicht Sie drängt. Folgen Sie Ihrem eigenen Rhythmus. Sie

verrez très vite ce qui est le plus important:
sehen_werden sehr schnell das was ist das meist Wichtige:

1P|03 S: Vous ferez des progrès à chaque phrase que vous
Sie machen_werden von_den[4] Fortschritten bei jedem Satz den Sie

apprendrez. C'est amusant …
lernen_werden. Das_ist vergnüglich …

1P|04 M: … et ça vous donne confiance en vous.
… und das Ihnen gibt Selbstvertrauen.

1P|05 S: Commençons par vous, personnellement. Imaginez que
Beginnen wir mit Ihnen, persönlich. Vorstellen Sie sich dass

vous rencontrez quelqu'un pour la première fois.
Sie treffen jemanden für das erste Mal.

1P|06 M: Qu'est-ce que vous dites aux gens sur vous-même, la première fois?
Was_ist_es das Sie sagen zu_den Leuten über sich_selbst, das erste Mal?

1P|07 S: Je leur dis mon nom. Et vous?
Ich ihnen sage meinen Namen. Und Sie?

1P|08 M: Moi aussi. Alors, commençons par là: je m'appelle Michel Lebois.
Ich auch. Also, beginnen wir damit: ich mich_nenne Michel Lebois.

1P|09 S: Enchantée.
Angenehm.

1P|10 M: Tout le plaisir est pour moi. Et vous, comment vous
All das Vergnügen ist für mich. Und Sie, wie sich

appelez-vous, s'il vous plaît[5]?
nennen_Sie, bitte?

1P|11 S: Sophie Grandpied.
Sophie Grandpied.

---

3 Tauchen in einem französischen Satz Wörter wie „nichts", „niemand", „nie", „nirgendwo", „kein" usw. auf, so muss in diesem Satz ein zusätzliches „nicht" stehen. Im Französischen verneint man also doppelt.

4 Anstatt „ich lese Bücher", „du schreibst Briefe", „er beobachtet Tiere" u. ä. sagt man im Französischen „ich lese von den Büchern", „du schreibst von den Briefen", „er beobachtet von den Tieren" u. ä.

5 Der Ausdruck „s'il vous plaît" heißt wörtlich „falls es Ihnen gefällt".

1P|12 M:	Bonjour	Madame.	Madame	Grandpied,	c'est	bien	cela?
	Guten_Tag	**meine_Dame.**	**Frau**	**Grandpied,**	**es_ist**	**gut**	**das?**

1P|13 S:	Oui.	C'est	simple.	Pensez		à	un	grand	pied.
	Ja.	**Es_ist**	**einfach.**	**Denken**	**Sie**	**an**	**einen**	**großen**	**Fuß.**

1P|14 M:	Mon	nom	aussi	est	simple.	Pensez		au	«bois»,	et
	Mein	**Name**	**auch**	**ist**	**einfach.**	**Denken**	**Sie**	**an_das**	**„Holz",**	**und**

	ajoutez		simplement	«Le»:	Le-bois.
	hinzufügen	**Sie**	**einfach**	**„Le":**	**Le-bois.**

Französische Fassung

Prologue: Premier contact

1P|01 S: Bonjour. Vous allez partir en voyage. Un voyage dans la langue française. Apprendre, c'est amusant et facile quand on a la bonne méthode.

1P|02 M: Suivez nos indications dans le manuel. Commencez lentement et détendez-vous. Prenez votre temps. Personne ne vous presse. Suivez votre propre rythme. Vous verrez très vite ce qui est le plus important:

1P|03 S: Vous ferez des progrès à chaque phrase que vous apprendrez. C'est amusant …

1P|04 M: … et ça vous donne confiance en vous.

1P|05 S: Commençons par vous, personnellement. Imaginez que vous rencontrez quelqu'un pour la première fois.

1P|06 M: Qu'est-ce que vous dites aux gens sur vous-même, la première fois?

1P|07 S: Je leur dis mon nom. Et vous?

1P|08 M: Moi aussi. Alors, commençons par là: je m'appelle Michel Lebois.

1P|09 S: Enchantée.

1P|10 M: Tout le plaisir est pour moi. Et vous, comment vous appelez-vous, s'il vous plaît?

1P|11 S: Sophie Grandpied.

1P|12 M: Bonjour Madame. Madame Grandpied, c'est bien cela?

1P|13 S: Oui. C'est simple. Pensez à un grand pied.

1P|14 M: Mon nom aussi est simple. Pensez au «bois», et ajoutez simplement «Le»: Le-bois.

Kapitel 1: Habe ich Ihren Namen richtig verstanden?

01|01 S: Gestern traf ich Leute, die ich nicht kannte. Der Großteil ihrer Namen war einfach, aber da gab es einen Herrn, der Panajotis hieß. Ich fand diesen Namen eher kompliziert.

01|02 M: Das ist ein griechischer Name. Ich bin sicher, dass Herr Panajotis unsere Namen am Anfang genauso seltsam fand.

01|03 S: Stimmt. Aber warum finden Sie seinen Namen so einfach, Herr Lebois?

01|04 M: Nun, zunächst, weil es nicht das erste Mal ist, dass ich Griechen getroffen habe, und Panajotis ein gebräuchlicher Name in Griechenland ist. Dann, weil ich immer mnemotechnische Verfahren benutze, um mich an neue Namen zu erinnern.

01|05 S: Ich auch. Wenigstens versuche ich es. Aber ich gebe zu, dass ich mit Panajotis am Anfang Mühe hatte.

01|06 M: Als ich diesen Namen zum ersten Mal hörte, dachte ich an den griechischen Gott Pan.

01|07 S: Natürlich! Pan, der die Panflöte spielt?

01|08 M: Richtig! Und das Ende „jotis“ ließ mich an einen Jungen aus der Nachbarschaft denken, der „Otis“ hieß.

01|09 S: Sagen wir, wenn man das Glück hat, einen Jungen zu kennen, der Otis heißt, ist es schon leichter.

01|10 M: Eigentlich ist es so: Je mehr Namen man lernt, desto leichter sind neue Namen zu merken.

01|11 S: Anders gesagt, bei jedem Namen, den man lernt, macht man Fortschritte.

01|12 M: Natürlich. Es wird immer leichter.

01|13 S: Ich schlage Ihnen ein Spiel vor. Ich tue so, als wäre ich eine meiner Freundinnen …

01|14 M: … und ich, als wäre ich einer meiner Freunde.

01|15 S: Wir treffen uns zum ersten Mal, sagen wir auf einer Party.

01|16 M: Guten Tag. Gestatten Sie, dass ich mich vorstelle: Pierre Barlieu.

01|17 S: Guten Tag, mein Herr. Freut mich, Sie kennenzulernen. Brigitte Longcourt.

01|18 M: Angenehm, Frau Longcourt. Frau Longcourt, ist das so richtig?

01|19 S: Ja. „Lang“ wie „kurz“ und „kurz“ wie „lang“.

Dekodierte Fassung

Chapitre Un: Ai-je bien compris votre nom?
Kapitel Eins: Habe_ich gut verstanden Ihren Namen?

01|01 S: Hier, j'ai rencontré des gens que je ne connaissais
Gestern, ich_habe getroffen von_den Leuten die ich nicht kannte

pas. La plupart de leurs noms étaient simples, mais il y avait
nicht[6]. Der Großteil von ihren Namen waren einfach, aber es da hatte

un monsieur qui s'appelait Panajotis. J'ai trouvé ce
einen Herrn der sich_nannte Panajotis. Ich_habe gefunden diesen

nom plutôt compliqué.
Namen eher kompliziert.

---

6 Im Französischen wird wie in manchen deutschen Dialekten doppelt verneint.

01|02 M: C'est un nom grec. Je suis sûr qu'au début
Das_ist ein Name griechischer. Ich bin sicher dass_an_dem Anfang

Monsieur Panajotis a trouvé nos noms tout aussi bizarres.
Herr Panajotis hat gefunden unsere Namen genauso seltsam.

01|03 S: C'est vrai. Mais vous, Monsieur Lebois, pourquoi trouvez-vous son
Das_ist wahr. Aber Sie, Herr Lebois, warum finden_Sie seinen

nom si simple?
Namen so einfach?

01|04 M: Eh bien, d'abord parce que ce n'est pas la première fois que
Nun, zunächst weil dass das nicht_ist nicht das erste Mal dass

je rencontre des Grecs et que Panajotis est un nom
ich treffe von_den Griechen und dass Panajotis ist ein Name

courant en Grèce. Ensuite, parce que j'utilise toujours
gebräuchlicher in Griechenland. Dann, weil dass ich_benutze immer

des procédés mnémotechniques pour me souvenir des
von_den Verfahren mnemotechnischen für mich erinnern von_den

noms nouveaux.
Namen neuen.

01|05 S: Moi aussi. Du moins j'essaie. Mais j'admets qu'au
Ich auch. Wenigstens ich_versuche. Aber ich_zugebe dass_an_dem

début, j'ai eu du mal avec Panajotis.
Anfang, ich_habe gehabt von_der Mühe mit Panajotis.

01|06 M: Moi, lorsque j'ai entendu ce nom pour la première fois,
Ich, als ich_habe gehört diesen Namen für das erste Mal,

j'ai pensé à Pan, le dieu grec …
ich_habe gedacht an Pan, den Gott griechischen …

01|07 S: Bien sûr! Pan qui joue de la flûte de Pan?
Natürlich! Pan der spielt von der Flöte von Pan?

01|08 M: C'est cela! Et la fin, «jotis», m'a fait penser à
Das_ist es! Und das Ende, „jotis", mich_hat gemacht denken an

un garçon du voisinage qui s'appelait «Otis».
einen Jungen von_der Nachbarschaft der sich_nannte „Otis".

01|09 S: Disons que lorsqu'on a la chance de connaître un garçon
Sagen wir dass wenn_man hat das Glück von kennen einen Jungen

qui s'appelle Otis, c'est déjà plus facile.
der sich_nennt Otis, es_ist schon mehr leicht.

01|10 M: En fait, plus on apprend de noms, plus les noms
Eigentlich, je mehr man lernt von Namen, desto mehr die Namen

nouveaux sont faciles à retenir.
neuen sind leicht zu merken.

01|11 S: En d'autres termes, à chaque nom qu'on apprend, on fait
Anders_gesagt, bei jedem Namen den_man lernt, man macht

des progrès.
von_den Fortschritten.

01|12 M: Bien sûr. C'est de plus en plus facile.
Natürlich. Es_ist immer_mehr leicht.

01|13 S: Je vous propose un jeu. Je fais comme si j'étais l'une
Ich Ihnen vorschlage ein Spiel. Ich tue als ob ich_wäre die_eine

de mes amies …
von meinen Freundinnen …

01|14 M: … et moi, comme si j'étais l'un de mes amis.
… und ich, als ob ich_wäre der_eine von meinen Freunden.

01|15 S: Nous nous rencontrons pour la première fois, disons à une fête.
Wir uns treffen für das erste Mal, sagen wir auf einer Party.

01|16 M: Bonjour. Permettez-moi de me présenter: Pierre Barlieu.
Guten_Tag. Gestatten_Sie_mir von mich vorstellen: Pierre Barlieu.

01|17 S: Bonjour, Monsieur. Ravie de faire votre connaissance. Brigitte
Guten_Tag, mein_Herr. Erfreut von machen Ihre Bekanntschaft. Brigitte

Longcourt.
Longcourt.

01|18 M: Enchanté, Madame. Madame Longcourt, c'est bien cela?
Angenehm, meine_Dame. Frau Longcourt, es_ist gut das?

01|19 S: Oui. «Long» comme «court» et «court» comme «long».
Ja. „Lang" wie „kurz" und „kurz" wie „lang".

Französische Fassung

Chapitre Un: Ai-je bien compris votre nom?

01|01 S: Hier, j'ai rencontré des gens que je ne connaissais pas. La plupart de leurs noms étaient simples, mais il y avait un monsieur qui s'appelait Panajotis. J'ai trouvé ce nom plutôt compliqué.

01|02 M: C'est un nom grec. Je suis sûr qu'au début Monsieur Panajotis a trouvé nos noms tout aussi bizarres.

01|03 S: C'est vrai. Mais vous, Monsieur Lebois, pourquoi trouvez-vous son nom si simple?

01|04 M: Eh bien, d'abord parce que ce n'est pas la première fois que je rencontre des Grecs et que Panajotis est un nom courant en Grèce. Ensuite, parce que j'utilise toujours des procédés mnémotechniques pour me souvenir des noms nouveaux.

01|05 S: Moi aussi. Du moins j'essaie. Mais j'admets qu'au début, j'ai eu du mal avec Panajotis.

01|06 M: Moi, lorsque j'ai entendu ce nom pour la première fois, j'ai pensé à Pan, le dieu grec …

01|07 S: Bien sûr! Pan qui joue de la flûte de Pan?

01|08 M: C'est cela! Et la fin, «jotis», m'a fait penser à un garçon du voisinage qui s'appelait «Otis».

01|09 S: Disons que lorsqu'on a la chance de connaître un garçon qui s'appelle Otis, c'est déjà plus facile.

01|10 M: En fait, plus on apprend de noms, plus les noms nouveaux sont faciles à retenir.

01|11 S: En d'autres termes, à chaque nom qu'on apprend, on fait des progrès.

01|12 M: Bien sûr. C'est de plus en plus facile.

01|13 S: Je vous propose un jeu. Je fais comme si j'étais l'une de mes amies …

01|14 M: … et moi, comme si j'étais l'un de mes amis.

01|15 S: Nous nous rencontrons pour la première fois, disons à une fête.

01|16 M: Bonjour. Permettez-moi de me présenter: Pierre Barlieu.

01|17 S: Bonjour, Monsieur. Ravie de faire votre connaissance. Brigitte Longcourt.

01|18 M: Enchanté, Madame. Madame Longcourt, c'est bien cela?

01|19 S: Oui. «Long» comme «court» et «court» comme «long».

Kapitel 2: Namen sind wichtig

02|01 S: In „Barlieu“ steckt „Bar“ wie die Bar an der Ecke und „lieu“ wie der Ort, wo man ist. Stimmt’s?

02|02 M: Stimmt. Sie sehen, wie einfach Namen sind, wenn man ihnen seine volle Aufmerksamkeit widmet.

02|03 S: Sagen wir so. Englische Namen sind einfach für Engländer, und arabische Namen sind einfach für Araber.

02|04 M: Genau, aber arabische Namen werden einfach, wenn man schon viele Araber kennt. Der dritte Ahmed oder Mahmet ist leichter zu merken als der erste.

02|05 S: Weil es leichter ist, je mehr Namen man lernt, die sich ähneln?

02|06 M: Ja. Ich hatte am Anfang Probleme mit deutschen Namen.

02|07 S: Das gilt auch für Städte- oder Ländernamen.

02|08 M: Für einen Franzosen ist es leichter, Munich zu sagen als München.

02|09 S: Das ist eine Sache, an die man normalerweise nicht denkt, aber viele Länder und Städte haben verschiedene Namen in verschiedenen Sprachen.

02|10 M: Ja, zu München sagen die Italiener Monaco.

02|11 S: Die Deutschen fänden Frau Großfuß einfacher als Frau Grandpied.

02|12 M: Und die Italiener würden Sie wahrscheinlich Signora Piedegrande nennen!

02|13 S: Es ist faszinierend, wenn man Namen wirklich seine Aufmerksamkeit widmet.

02|14 M: Und zudem lernt man sie leichter, wenn man sich dabei ein bisschen Mühe gibt.

Dekodierte Fassung

Chapitre	Deux:	Les	noms	sont	importants
Kapitel	**Zwei:**	**Die**	**Namen**	**sind**	**wichtig**

02|01 S:

Dans	«Barlieu»,	il	y	a	«bar»	comme	le	bar	du	coin	et
In	**„Barlieu“,**	**es**	**da**	**hat**	**„Bar“**	**wie**	**die[7]**	**Bar**	**von_der**	**Ecke**	**und**

«lieu»	comme	le	lieu	où	l’on	est.	C’est	cela?
„lieu“	**wie**	**der**	**Ort**	**wo**	**man**	**ist.**	**Es_ist**	**das?**

02|02 M:

C’est	cela.	Vous	voyez	comme	les	noms	sont	simples	lorsqu’on	y
Das_ist	**es.**	**Sie**	**sehen**	**wie**	**die**	**Namen**	**sind**	**einfach**	**wenn_man**	**da**

fait	bien	attention.
macht	**gut**	**Aufmerksamkeit.**

02|03 S:

Disons		que	les	noms	anglais	sont	simples	pour	les	Anglais
Sagen	**wir**	**dass**	**die**	**Namen**	**englischen**	**sind**	**einfach**	**für**	**die**	**Engländer**

et	les	noms	arabes	simples	pour	les	Arabes.
und	**die**	**Namen**	**arabischen**	**einfach**	**für**	**die**	**Araber.**

7 Das grammatikalische Geschlecht des Französischen wird in der Dekodierung nicht berücksichtigt.

02|04 M: C'est vrai, mais les noms arabes deviennent simples si on
Das_ist wahr, aber die Namen arabischen werden einfach wenn man

connaît déjà beaucoup d'Arabes. Le troisième Ahmed ou Mahmet
kennt schon viele von_Arabern. Der dritte Ahmed oder Mahmet

est plus facile à retenir que le premier.
ist mehr leicht zu merken als der erste.

02|05 S: Parce que plus on apprend de noms qui se ressemblent,
Weil dass je mehr man lernt von Namen die sich ähneln,

plus c'est facile?
desto mehr es_ist leicht?

02|06 M: Oui. Moi[8] aussi, j'ai eu des problèmes au début
Ja. Ich auch, ich_habe gehabt von_den Problemen an_dem Anfang

avec les noms allemands.
mit den Namen deutschen.

02|07 S: Ça vaut aussi pour les noms de villes ou de pays.
Das gilt auch für die Namen von Städten oder von Ländern.

02|08 M: Pour un Français, il est plus facile de dire Munich que München.
Für einen Franzosen, es ist mehr leicht von sagen Munich als München.

02|09 S: C'est une chose à laquelle on ne pense pas normalement,
Das_ist eine Sache an welche man nicht denkt nicht normalerweise,

mais beaucoup de pays et de villes ont des noms
aber viele von Ländern und von Städten haben von_den Namen

différents dans les différentes langues.
verschiedenen in den verschiedenen Sprachen.

02|10 M: Oui, pour Munich, les Italiens disent Monaco.
Ja, für München, die Italiener sagen Monaco.

02|11 S: Les Allemands trouveraient Frau Großfuß plus simple que Madame
Die Deutschen finden_würden Frau Großfuß mehr einfach als Frau

Grandpied.
Grandpied.

02|12 M: Et les Italiens vous appelleraient sans doute Signora Piedegrande!
Und die Italiener Sie nennen_würden wahrscheinlich Signora Piedegrande!

---

8 Dem französischen Wort „moi" entspricht im Deutschen ein betontes „ich".

02|13 S: C'est fascinant lorsqu'on fait vraiment attention aux noms.
Es_ist faszinierend wenn_man macht wirklich Aufmerksamkeit zu_den Namen.

02|14 M: Et en plus, en se donnant un peu de mal, on les
Und zudem, da‿ bei sich gebend ein bisschen von Mühe, man sie

apprend plus facilement.
lernt mehr leicht.

Französische Fassung

Chapitre Deux: Les noms sont importants

02|01 S: Dans «Barlieu», il y a «bar» comme le bar du coin et «lieu» comme le lieu où l'on est. C'est cela?

02|02 M: C'est cela. Vous voyez comme les noms sont simples lorsqu'on y fait bien attention.

02|03 S: Disons que les noms anglais sont simples pour les Anglais et les noms arabes simples pour les Arabes.

02|04 M: C'est vrai, mais les noms arabes deviennent simples si on connaît déjà beaucoup d'Arabes. Le troisième Ahmed ou Mahmet est plus facile à retenir que le premier.

02|05 S: Parce que plus on apprend de noms qui se ressemblent, plus c'est facile?

02|06 M: Oui. Moi aussi, j'ai eu des problèmes au début avec les noms allemands.

02|07 S: Ça vaut aussi pour les noms de villes ou de pays.

02|08 M: Pour un Français, il est plus facile de dire Munich que München.

02|09 S: C'est une chose à laquelle on ne pense pas normalement, mais beaucoup de pays et de villes ont des noms différents dans les différentes langues.

02|10 M: Oui, pour Munich, les Italiens disent Monaco.

02|11 S: Les Allemands trouveraient Frau Großfuß plus simple que Madame Grandpied.

02|12 M: Et les Italiens vous appelleraient sans doute Signora Piedegrande!

02|13 S: C'est fascinant lorsqu'on fait vraiment attention aux noms.

02|14 M: Et en plus, en se donnant un peu de mal, on les apprend plus facilement.

Kapitel 3: Man stellt sich vor

03|01 S: Gut, wir sind uns über die erste Sache, die man macht, wenn man jemanden zum ersten Mal trifft, einig: Man widmet seinem Namen Aufmerksamkeit.

03|02 M: Stimmt. Damit die Person sich für Sie interessiert, müssen wir Interesse an ihr zeigen. Ihren Namen zu lernen, ist ein guter Anfang.

03|03 S: Also, wenn niemand da ist, der Sie vorstellt, dann stellen Sie sich selbst vor und sagen dabei:

03|04 M: Gestatten Sie, dass ich mich vorstelle: Michel Lebois. Oder nochmal ganz einfach: Gestatten Sie, Michel Lebois.

03|05 S: Angenehm, Herr Lebois. Sophie Grandpied.

03|06 M: Angenehm, Frau Grandpied.

03|07 S: Wir könnten uns auch beim Vornamen nennen.

03|08 M: Gern. Ich bin Michel.

03|09 S: Und ich Sophie.

03|10 M: Sehr gut, Sophie. Gut, wir haben uns vorgestellt. Jeder kennt den Namen des anderen. Und danach?

03|11 S: Nun, man sagt, wo man wohnt.

03|12 M: Einverstanden. Ich komme aus Pontoise.

03|13 S: Pontoise? Wo ist das?

03|14 M: Das ist eine kleine Stadt in der Nähe von Paris.

03|15 S: Ah, Paris. Eine wunderbare Stadt, aber es ist da nicht immer schönes Wetter.

03|16 M: Wie wahr. Und Sie, Sophie, woher sind Sie?

03|17 S: Ich komme aus Lyon. Das heißt, ich wohne zurzeit in Lyon.

03|18 M: Sie wollen sagen, dass Sie da nicht geboren sind?

03|19 S: In der Tat. Ich bin in Reims geboren und habe einige Jahre in Annecy gewohnt, bevor ich vor einem Jahr nach Lyon gezogen bin.

Dekodierte Fassung

Chapitre	Trois:	On	se	présente
Kapitel	**Drei:**	**Man**	**sich**	**vorstellt**

03|01 S:

Bon,	nous	sommes	d'accord	sur	la	première	chose	à	faire
Gut,	**wir**	**sind**	**einig**	**auf**	**die**	**erste**	**Sache**	**zu**	**machen**

lorsqu'on	rencontre	quelqu'un	pour	la	première	fois:	on	fait
wenn_man	**trifft**	**jemanden**	**für**	**das**	**erste**	**Mal:**	**man**	**macht**

attention	à	son	nom.
Aufmerksamkeit	**zu**	**seinem**	**Namen.**

03|02 M:

C'est	cela.	Pour que	la	personne	s'intéresse	à	vous,	il	faut
Das_ist	**es.**	**Damit**	**die**	**Person**	**sich_interessiert**	**für**	**Sie,**	**es**	**nötig_ist**

	manifester	de	l'intérêt	pour	elle.	Apprendre	son	nom,
zu	**zeigen**	**von**	**dem_Interesse**	**für**	**sie.**	**Lernen**	**ihren**	**Namen,**

c'est un bon début.
das_ist ein guter Anfang.

03|03 S: Donc, si personne n'est là qui vous présente, vous vous présentez
Also, falls niemand nicht_ist da der Sie vorstellt, Sie sich vorstellen

vous-même en disant:
sich_selbst da‿ bei sagend:

03|04 M: Permettez-moi de me présenter: Michel Lebois. Ou encore,
Gestatten_Sie_mir von mich vorstellen: Michel Lebois. Oder nochmal,

tout simplement: Vous permettez, Michel Lebois.
ganz einfach: Sie gestatten, Michel Lebois.

03|05 S: Enchantée, Monsieur. Sophie Grandpied.
Angenehm, mein_Herr. Sophie Grandpied.

03|06 M: Enchanté, Madame.
Angenehm, meine_Dame.

03|07 S: Nous pourrions aussi nous appeler par nos prénoms.
Wir könnten auch uns nennen bei unseren Vornamen.

03|08 M: Volontiers. Moi, c'est Michel.
Gern. Ich, das_ist Michel.

03|09 S: Et moi, Sophie.
Und ich, Sophie.

03|10 M: Très bien, Sophie. Bon, nous nous sommes présentés. Chacun connaît
Sehr gut, Sophie. Gut, wir uns sind vorgestellt. Jeder kennt

le nom de l'autre. Et après?
den Namen von dem_anderen. Und danach?

03|11 S: Eh bien, on dit où on habite.
Nun, man sagt wo man wohnt.

03|12 M: D'accord. Je viens de Pontoise.
Einverstanden. Ich komme von Pontoise.

03|13 S: Pontoise? Où est-ce?
Pontoise? Wo ist_das?

03|14 M: C'est une petite ville près de Paris.
Das_ist eine kleine Stadt nahe von Paris.

03|15 S: Ah, Paris. Une ville magnifique, mais il n'y fait pas
Ah, Paris. Eine Stadt wunderbare, aber es nicht_da macht nicht

toujours beau.
immer schönes Wetter.

03|16 M: C'est vrai. Et vous, Sophie, d'où êtes-vous?
Das_ist wahr. Und Sie, Sophie, woher sind_Sie?

03|17 S: Je viens de Lyon. Ou plutôt, en ce moment j'habite à Lyon.
Ich komme von Lyon. Das_heißt, zurzeit ich_wohne in Lyon.

03|18 M: Vous voulez dire que ce n'est pas là que vous êtes née?
Sie wollen sagen dass das nicht_ist nicht da dass Sie sind geboren?

03|19 S: En effet. Je suis née à Reims et j'ai habité à
In_der_Tat. Ich bin geboren in Reims und ich_habe gewohnt in

Annecy pendant quelques années avant de m'installer à Lyon
Annecy während einiger Jahre davor von mich_niederlassen in Lyon

il y a un an.
vor einem Jahr.

Französische Fassung

Chapitre Trois: On se présente

03|01 S: Bon, nous sommes d'accord sur la première chose à faire lorsqu'on rencontre quelqu'un pour la première fois: on fait attention à son nom.

03|02 M: C'est cela. Pour que la personne s'intéresse à vous, il faut manifester de l'intérêt pour elle. Apprendre son nom, c'est un bon début.

03|03 S: Donc, si personne n'est là qui vous présente, vous vous présentez vous-même en disant:

03|04 M: Permettez-moi de me présenter: Michel Lebois. Ou encore, tout simplement: Vous permettez, Michel Lebois.

03|05 S: Enchantée, Monsieur. Sophie Grandpied.

03|06 M: Enchanté, Madame.

03|07 S: Nous pourrions aussi nous appeler par nos prénoms.

03|08 M: Volontiers. Moi, c'est Michel.

03|09 S: Et moi, Sophie.

03|10 M: Très bien, Sophie. Bon, nous nous sommes présentés. Chacun connaît le nom de l'autre. Et après?

03|11 S: Eh bien, on dit où on habite.

03|12 M: D'accord. Je viens de Pontoise.

03|13 S: Pontoise? Où est-ce?

03|14 M: C'est une petite ville près de Paris.

03|15 S: Ah, Paris. Une ville magnifique, mais il n'y fait pas toujours beau.

03|16 M: C'est vrai. Et vous, Sophie, d'où êtes-vous?

03|17 S: Je viens de Lyon. Ou plutôt, en ce moment j'habite à Lyon.

03|18 M: Vous voulez dire que ce n'est pas là que vous êtes née?

03|19 S: En effet. Je suis née à Reims et j'ai habité à Annecy pendant quelques années avant de m'installer à Lyon il y a un an.

Kapitel 4: Wo wohnen Sie?

04|01 M: Das ist interessant. Die Leute ziehen heutzutage viel mehr um, finden Sie nicht?

04|02 S: Ja, das sehe ich auch so. Von meinen Arbeitskollegen ist keiner in Lyon geboren. Wie ich sind sie alle hingezogen, manche als Jugendliche, andere erst vor kurzem.

04|03 M: Wissen Sie, mein Freund Herr Panajotis hat mir seine Geschichte erzählt. Er ist in Deutschland geboren, weil seine Eltern zu der Zeit da wohnten. Dann sind sie nach Griechenland zurückgekehrt, und er ging in Athen zur Schule. Später sind sie alle nach Amerika gezogen.

04|04 S: Nach Nordamerika oder Südamerika?

04|05 M: Nach Nordamerika, genauer in die Vereinigten Staaten.

04|06 S: Dann ging er in den Vereinigten Staaten aufs Gymnasium?

04|07 M: Ja. Aber sein Studium hat er hier in Frankreich absolviert. Eigentlich habe ich da seine Bekanntschaft gemacht.

04|08 S: Die Welt ist klein.

04|09 M: Waren Sie schon im Ausland, Sophie?

04|10 S: Sagen wir so: Ich habe Ferien in Ägypten und einen Sommer in Deutschland verbracht. Das war im Rahmen eines Austauschprogramms an der Universität. Und dann noch Ferien in der französischen Kolonie in Spanien.

04|11 M: Die französische Kolonie?

04|12 S: Ja, mein Vater sagte immer so, weil man im Sommer in manchen Ecken Spaniens mehr Franzosen als Spanier sieht.

04|13 M: Ah, ich verstehe.

Dekodierte Fassung

Chapitre Quatre: Où habitez-vous?
Kapitel Vier: Wo wohnen_Sie?

04|01 M: C'est intéressant. Les gens bougent beaucoup plus à notre époque,
Das_ist interessant. Die Leute umziehen viel mehr heutzutage,

vous ne trouvez pas?
Sie nicht finden nicht?

04|02 S: Oui, c'est aussi mon avis. Parmi mes collègues de travail,
Ja, das_ist auch meine Ansicht. Unter meinen Kollegen von Arbeit,

aucun n'est né à Lyon. Comme moi, ils sont tous venus
keiner nicht_ist geboren in Lyon. Wie ich, sie sind alle gekommen

s'y installer, certains dans leur jeunesse, d'autres plus
sich_da niederzulassen, manche in ihrer Jugend, von_anderen mehr

récemment.
vor_kurzem.

04|03 M: Vous savez, mon ami, Monsieur Panajotis, m'a raconté son
Sie wissen, mein Freund, Herr Panajotis, mir_hat erzählt seine

histoire. Il est né en Allemagne parce que ses parents y
Geschichte. Er ist geboren in Deutschland weil dass seine Eltern da

habitaient à ce moment-là. Ensuite, ils sont retournés en
wohnten zu_der_Zeit. Dann, sie sind zurückgekehrt nach

Grèce et il est allé à l'école à Athènes. Plus
Griechenland und er ist gegangen zu der_Schule in Athen. Mehr

tard, ils sont tous allés s'installer en Amérique.
spät, sie sind alle gegangen sich_niederzulassen in Amerika.

04|04 S: En Amérique du Nord ou du Sud?
In Amerika von_dem Norden oder von_dem Süden?

04|05 M: En Amérique du Nord, aux États-Unis, plus exactement.
In Amerika von_dem Norden, in_den Staaten_Vereinigten, mehr genau.

04|06 S: Alors, il est allé au lycée aux États-Unis?
Dann, er ist gegangen in_das Gymnasium in_den Staaten_Vereinigten?

04|07 M: Oui. Mais ses études universitaires, il les a faites ici, en
Ja. Aber seine Studien universitären, er sie hat gemacht hier, in

France. En fait, c'est là que j'ai fait sa connaissance.
Frankreich. Eigentlich, es_ist da dass ich_habe gemacht seine Bekanntschaft.

04|08 S: Le monde est petit.
Die Welt ist klein.

04|09 M: Êtes-vous déjà allée à l'étranger, Sophie?
Sind_Sie schon gegangen in das_Ausland, Sophie?

04|10 S: Disons que j'ai passé des vacances en Égypte et
Sagen wir dass ich_habe verbracht von_den Ferien in Ägypten und

un été en Allemagne. C'était dans le cadre d'un
einen Sommer in Deutschland. Das_war in dem Rahmen von_einem

programme d'échanges universitaires. Et d'autres vacances
Programm von_Austauschen universitären. Und von_anderen Ferien

aussi dans la colonie française, en Espagne.
auch in der Kolonie französischen, in Spanien.

04|11 M: La colonie française?
Die Kolonie französische?

04|12 S: Oui, c'est ce que disait mon père parce qu'en été dans
Ja, das_ist das was sagte mein Vater weil dass_in Sommer in

certains coins d'Espagne, on voit plus de Français que
manchen Ecken von_Spanien, man sieht mehr von Franzosen als

d'Espagnols.
von_Spaniern.

04|13 M: Ah, je comprends.
Ah, ich verstehe.

Französische Fassung

Chapitre Quatre: Où habitez-vous?

04|01 M: C'est intéressant. Les gens bougent beaucoup plus à notre époque, vous ne trouvez pas?

04|02 S: Oui, c'est aussi mon avis. Parmi mes collègues de travail, aucun n'est né à Lyon. Comme moi, ils sont tous venus s'y installer, certains dans leur jeunesse, d'autres plus récemment.

04|03 M: Vous savez, mon ami, Monsieur Panajotis, m'a raconté son histoire. Il est né en Allemagne parce que ses parents y habitaient à ce moment-là. Ensuite, ils sont retournés en Grèce et il est allé à l'école à Athènes. Plus tard, ils sont tous allés s'installer en Amérique.

04|04 S: En Amérique du Nord ou du Sud?

04|05 M: En Amérique du Nord, aux États-Unis, plus exactement.

04|06 S: Alors, il est allé au lycée aux États-Unis?

04|07 M: Oui. Mais ses études universitaires, il les a faites ici, en France. En fait, c'est là que j'ai fait sa connaissance.

04|08 S: Le monde est petit.

04|09 M: Êtes-vous déjà allée à l'étranger, Sophie?

04|10 S: Disons que j'ai passé des vacances en Égypte et un été en Allemagne. C'était dans le cadre d'un programme d'échanges universitaires. Et d'autres vacances aussi dans la colonie française, en Espagne.

04|11 M: La colonie française?

04|12 S: Oui, c'est ce que disait mon père parce qu'en été dans certains coins d'Espagne, on voit plus de Français que d'Espagnols.

04|13 M: Ah, je comprends.

Kapitel 5: Wie geht es Ihnen?

05|01 S: Fassen wir zusammen: Zuerst versucht man, die Namen der Leute, die man trifft, herauszufinden, dann sagt man sich, wo man wohnt.

05|02 M: Aber zwischen diesen beiden Schritten kann man sich in manchen Ländern noch eine andere Sache sagen, nicht wahr?

05|03 S: In der Tat. Man kann den anderen fragen: „Wie geht es?"

05|04 M: Ja. Und er antwortet: „Sehr gut, danke."

05|05 S: Man kann ihn auch fragen: „Wie geht es Ihnen?" Auf geht's, versuchen wir's!

05|06 M: Guten Tag. Gestatten Sie, dass ich mich vorstelle: Michel Lebois.

05|07 S: Guten Tag, Herr Lebois. Wie geht es Ihnen?

05|08 M: Sehr gut, und Ihnen?

05|09 S: Sehr gut, danke. Sophie Grandpied.

05|10 M: Angenehm, Fräulein Grandpied … oder Frau Grandpied?

05|11 S: Fräulein Grandpied. Freut mich, Sie kennenzulernen, Herr Lebois.

05|12 M: Wissen Sie, die Frage „Wie geht es Ihnen?" oder „Wie geht es?" hat mich immer gestört.

05|13 S: Weil eigentlich niemand erwartet, dass man ihm die Wahrheit sagt.

05|14 M: Stimmt. Man sagt immer, dass es einem gut geht; egal, ob es einem gut oder schlecht geht.

05|15 S: Vielleicht stellen daher jüngere Leute diese Frage nicht mehr automatisch.

05|16 M: Schon möglich, Sophie. Aber wenn man Ihnen die Frage stellt, ist es am besten, einfach „Gut, und Ihnen?" zu sagen. Finden Sie nicht?

05|17 S: Das sehe ich auch so.

05|18 M: Gut, fassen wir nochmal zusammenfassen: Zuerst versuchen wir, die Namen der Leute, die wir treffen, herauszufinden. Wir können fragen „Wie geht es Ihnen?" und einfach antworten „Gut, danke, und Ihnen?", richtig? Dann sagen wir, wo wir wohnen und vielleicht wo wir geboren sind. Das ist der zweite Schritt. Und der dritte Schritt, Sophie?

Dekodierte Fassung

Chapitre Cinq: Comment allez-vous?
Kapitel Fünf: Wie gehen_Sie?

05|01 S: Récapitulons: tout d'abord, on cherche à connaître le nom
Zusammenfassen wir: zuerst, man versucht zu kennen den Namen

des gens qu'on rencontre, ensuite on se dit où on habite.
von_den Leuten die_man trifft, dann man sich sagt wo man wohnt.

05|02 M: Mais entre ces deux étapes, dans certains pays, on peut
Aber zwischen diesen zwei Schritten, in manchen Ländern, man kann

se dire encore autre chose, je crois?
sich sagen noch andere Sache, ich glaube?

05|03 S: Effectivement. On peut demander à l'autre: «Comment va?».
In_der_Tat. Man kann fragen zu dem_anderen: „Wie das geht?".

05|04 M: Oui. Et il répond: «Très bien, merci.».
Ja. Und er antwortet: „Sehr gut, danke.“.

05|05 S: On peut aussi lui demander: «Comment allez-vous?». Allez, on
Man kann auch ihn fragen: „Wie gehen_Sie?“. Gehen Sie, man

essaie!
versucht!

05|06 M: Bonjour. Permettez-moi de me présenter: Michel Lebois.
Guten_Tag. Gestatten_Sie_mir von mich vorstellen: Michel Lebois.

05|07 S: Bonjour Monsieur. Comment allez-vous?
Guten_Tag mein_Herr. Wie gehen_Sie?

05|08 M: Très bien et vous-même?
Sehr gut und Sie_selbst?

05|09 S: Très bien, merci. Sophie Grandpied.
Sehr gut, danke. Sophie Grandpied.

05|10 M: Enchanté, Mademoiselle … ou Madame?
Angenehm, mein_Fräulein … oder meine_Dame?

05|11 S: Mademoiselle. Tout le plaisir est pour moi, Monsieur.
Mein_Fräulein. All das Vergnügen ist für mich, mein_Herr.

05|12 M: Vous savez, la question «Comment allez-vous?» ou «Comment ça
Sie wissen, die Frage „Wie gehen_Sie?“ oder „Wie das

va?» m'a toujours gêné.
geht?“ mich_hat immer gestört.

05|13 S: Parce qu'en fait personne ne s'attend à ce qu'on lui
Weil dass_eigentlich niemand nicht sich_erwartet zu dem dass_man ihm

dise la vérité.
sage die Wahrheit.

05|14 M: C'est vrai. On dit toujours que l'on va bien, que l'on aille
Das_ist wahr. Man sagt immer dass man geht gut, ob man gehe

bien ou mal.
gut oder schlecht.

05|15 S: C'est peut-être pour ça que les jeunes ne posent plus cette
Das_ist vielleicht daher dass die Jungen nicht stellen mehr diese

question automatiquement.
Frage automatisch.

05|16 M: C'est possible, Sophie. Mais si on vous pose la question, le
Das_ist möglich, Sophie. Aber falls man Ihnen stellt die Frage, das

mieux est de dire simplement «bien, et vous?». Vous ne trouvez pas?
Beste ist von sagen einfach „gut, und Sie?". Sie nicht finden nicht?

05|17 S: C'est également mon avis.
Das_ist ebenso meine Ansicht.

05|18 M: Bon, récapitulons encore une fois: tout d'abord, nous cherchons
Gut, zusammenfassen wir noch ein Mal: zuerst, wir versuchen

à connaître le nom des gens que nous rencontrons. Nous
zu kennen den Namen von_den Leuten die wir treffen. Wir

pouvons demander «comment allez-vous» et répondre simplement «bien,
können fragen „wie gehen_Sie" und antworten einfach „gut,

merci, et vous?», n'est-ce pas? Ensuite, nous disons où nous
danke, und Sie?", nicht_ist_es nicht? Dann, wir sagen wo wir

habitons et peut-être où nous sommes nés. C'est la seconde
wohnen und vielleicht wo wir sind geboren. Das_ist der zweite

étape. Et la troisième étape, Sophie?
Schritt. Und der dritte Schritt, Sophie?

Französische Fassung

Chapitre Cinq: Comment allez-vous?

05|01 S: Récapitulons: tout d'abord, on cherche à connaître le nom des gens qu'on rencontre, ensuite on se dit où on habite.

05|02 M: Mais entre ces deux étapes, dans certains pays, on peut se dire encore autre chose, je crois?

05|03 S: Effectivement. On peut demander à l'autre: «Comment ça va?».

05|04 M: Oui. Et il répond: «Très bien, merci.».

05|05 S: On peut aussi lui demander: «Comment allez-vous?». Allez, on essaie!

05|06 M: Bonjour. Permettez-moi de me présenter: Michel Lebois.

05|07 S: Bonjour Monsieur. Comment allez-vous?

05|08 M: Très bien et vous-même?

05|09 S: Très bien, merci. Sophie Grandpied.

05|10 M: Enchanté, Mademoiselle … ou Madame?

05|11 S: Mademoiselle. Tout le plaisir est pour moi, Monsieur.

05|12 M: Vous savez, la question «Comment allez-vous?» ou «Comment ça va?» m'a toujours gêné.

05|13 S: Parce qu'en fait personne ne s'attend à ce qu'on lui dise la vérité.

05|14 M: C'est vrai. On dit toujours que l'on va bien, que l'on aille bien ou mal.

05|15 S: C'est peut-être pour ça que les jeunes ne posent plus cette question automatiquement.

05|16 M: C'est possible, Sophie. Mais si on vous pose la question, le mieux est de dire simplement «bien, et vous?». Vous ne trouvez pas?

05|17 S: C’est également mon avis.

05|18 M: Bon, récapitulons encore une fois: tout d’abord, nous cherchons à connaître le nom des gens que nous rencontrons. Nous pouvons demander «comment allez-vous» et répondre simplement «bien, merci, et vous?», n’est-ce pas? Ensuite, nous disons où nous habitons et peut-être où nous sommes nés. C’est la seconde étape. Et la troisième étape, Sophie?

Kapitel 6: Was machen Sie?

06|01 S: Nun, ich würde gerne mehr über Sie wissen. Was machen Sie so?

06|02 M: Nun, ich könnte Ihnen sagen, dass ich in einem Büro arbeite oder dass ich der Generaldirektor von Renault bin oder dass ich Lehrer, Taxifahrer, Kellner, Metzger usw. bin.

06|03 S: Stimmt, Sie könnten. Aber was machen Sie in Wirklichkeit, Michel? Was ist Ihr Beruf?

06|04 M: Nehmen Sie an, ich wäre arbeitslos. Was sollte ich in diesem Fall sagen?

06|05 S: Ah, Sie sind arbeitslos?

06|06 M: Nein, ich nicht, aber einer meiner Freunde. Vor zwei Monaten hat seine Firma 500 Personen entlassen. Er hat zurzeit keine Anstellung. Das bedeutet aber nicht, dass er nicht arbeitet. Er nutzt seine Zeit! Er verbringt jeden Morgen mehrere Stunden in der Stadtbibliothek, um die Bücher zu lesen, die er nicht kaufen kann. Zudem lernt er Japanisch und perfektioniert sein Englisch und sein Italienisch.

06|07 S: Das ist gut! Weil man durch Sprachkenntnisse die Zukunft gewinnt.

06|08 M: Das sehe ich auch so. Jetzt erwägt er sogar, an einem vom Staat finanzierten Informatikkurs teilzunehmen, um noch bessere Chancen zu haben.

06|09 S: Toll. Ich kenne Arbeitslose, die deprimiert sind und nicht aufhören zu klagen, anstatt ihre Zeit profitabel einzusetzen wie Ihr Freund.

06|10 M: Die Leute sollten erkennen, dass Arbeit mehr ist als die Tätigkeit, für die man bezahlt wird. Das wird noch mehr in der Zukunft gelten, weil immer mehr Leute zumindest einen Teil ihres Lebens ohne Anstellung sein werden!

06|11 S: Stimmt. Aber wir sprachen von Ihnen. Was machen Sie?

06|12 M: Ich bin das, was man einen Geschäftsmann nennen könnte. Meine Arbeit sind Kontakte, anders gesagt, ich helfe Leuten, andere Leute zu finden, mit denen sie Geschäfte machen könnten. Unsere Firma arbeitet ein bisschen wie eine Geschäftsmesse, mit dem Unterschied, dass sie nicht an einem festen Ort abgehalten wird und dass sie das ganze Jahre geöffnet ist.

06|13 S: Das muss interessant sein.

Dekodierte Fassung

Chapitre Six: Que faites-vous?
Kapitel Sechs: Was machen_Sie?

06|01 S: Dites, j'aimerais[9] en savoir davantage sur vous. Que
Sagen Sie, ich_mögen_würde davon wissen mehr über Sie. Was

faites-vous dans la vie?
machen_Sie in dem Leben?

06|02 M: Eh bien, je pourrais vous dire que je travaille dans un bureau
Nun, ich könnte Ihnen sagen dass ich arbeite in einem Büro

ou que je suis le directeur général de Renault, ou bien que je
oder dass ich bin der Direktor General von Renault, oder dass ich

9 „Aimer" heißt sowohl „lieben" als auch „mögen" oder „gerne tun".

suis enseignant, chauffeur de taxi, serveur, boucher etc.
bin Lehrer, Fahrer von Taxi, Kellner, Metzger usw.

06|03 S: Vous pourriez, c'est vrai. Mais dans la réalité, que
Sie könnten, das_ist wahr. Aber in der Wirklichkeit, was

faites-vous, Michel? Quelle est votre profession?
machen_Sie, Michel? Welches ist Ihr Beruf?

06|04 M: Supposez que je sois au chômage. Que faudrait-il dire
Annehmen Sie dass ich sei arbeitslos. Was nötig_wäre_es zu sagen

dans ce cas?
in diesem Fall?

06|05 S: Ah, vous êtes au chômage?
Ah, Sie sind arbeitslos?

06|06 M: Non, pas moi, mais l'un de mes amis. Il y a deux
Nein, nicht ich, aber der_eine von meinen Freunden. Vor zwei

mois, son entreprise a licencié 500 personnes. Il est sans
Monaten, seine Firma hat entlassen 500 Personen. Er ist ohne

emploi en ce moment. Mais cela ne signifie pas qu'il ne
Anstellung zurzeit. Aber das nicht bedeutet nicht dass_er nicht

travaille pas. Il profite de son temps! Il passe tous les
arbeitet nicht. Er nutzt von seiner Zeit! Er verbringt all die

matins plusieurs heures à la bibliothèque municipale pour lire les
Morgen mehrere Stunden in der Bibliothek städtischen für lesen die

livres qu'il ne peut pas acheter. En plus, il apprend le
Bücher die_er nicht kann nicht kaufen. Zudem, er lernt das

japonais et il perfectionne son anglais et son italien.
Japanische und er perfektioniert sein Englisch und sein Italienisch.

06|07 S: C'est bien! Parce que l'avenir passe par la connaissance
Das_ist gut! Weil dass die_Zukunft kommt durch die Kenntnis

des langues.
von_den Sprachen.

06|08 M: C'est aussi mon avis. Maintenant, il envisage même de
Das_ist auch meine Ansicht. Jetzt, er erwägt sogar von

participer à un cours d'informatique financé par l'état
teilnehmen an einem Kurs von_Informatik finanziert von dem_Staat

pour avoir encore de meilleures chances.
für haben noch von besseren Chancen.

06|09 S: Formidable. Je connais des chômeurs qui dépriment et
Toll. Ich kenne von_den Arbeitslosen die deprimiert_sind und

qui n'arrêtent pas de se plaindre au lieu de mettre leur
die nicht_aufhören nicht von sich beklagen anstatt von einsetzen ihre

temps à profit comme votre ami.
Zeit zu Profit wie Ihr Freund.

06|10 M: Il faudrait que les gens réalisent que le travail, c'est
Es nötig_wäre dass die Leute erkennen dass die Arbeit, das_ist

davantage que l'activité pour laquelle on est rémunéré. Cela
mehr als die_Tätigkeit für welche man ist bezahlt. Das

sera encore plus vrai à l'avenir lorsque de plus en plus de
sein_wird noch mehr wahr in der_Zukunft weil immer_mehr von

gens seront sans emploi pendant au moins une partie de
Leuten sein_werden ohne Anstellung während zumindest eines Teiles von

leur vie!
ihrem Leben!

06|11 S: C'est vrai. Mais nous parlions de vous. Que faites-vous?
Das_ist wahr. Aber wir sprachen von Ihnen. Was machen_Sie?

06|12 M: Je suis ce que l'on pourrait appeler un homme d'affaires.
Ich bin das was man könnte nennen einen Mann von_Geschäften.

Mon travail c'est le contact, autrement dit, j'aide des
Meine Arbeit das_ist der Kontakt, anders gesagt, ich_helfe von_den

gens à trouver d'autres gens avec lesquels ils pourraient
Leuten zu finden von_anderen Leuten mit welchen sie könnten

conclure des affaires. Notre entreprise travaille un peu
abschließen von_den Geschäften. Unsere Firma arbeitet ein bisschen

comme une foire aux affaires, à la différence qu'elle
wie eine Messe zu_den Geschäften, mit dem Unterschied dass_sie

ne se tient pas dans un lieu précis et qu'elle est ouverte
nicht sich abhält nicht an einem Ort festen und dass_sie ist geöffnet

toute l'année.
all das_Jahr.

06|13 S: Ça doit être intéressant.
Das muss sein interessant.

Französische Fassung

Chapitre Six: Que faites-vous?

06|01 S: Dites, j'aimerais en savoir davantage sur vous. Que faites-vous dans la vie?

06|02 M: Eh bien, je pourrais vous dire que je travaille dans un bureau ou que je suis le directeur général de Renault, ou bien que je suis enseignant, chauffeur de taxi, serveur, boucher etc.

06|03 S: Vous pourriez, c'est vrai. Mais dans la réalité, que faites-vous, Michel? Quelle est votre profession?

06|04 M: Supposez que je sois au chômage. Que faudrait-il dire dans ce cas?

06|05 S: Ah, vous êtes au chômage?

06|06 M: Non, pas moi, mais l'un de mes amis. Il y a deux mois, son entreprise a licencié 500 personnes. Il est sans emploi en ce moment. Mais cela ne signifie pas qu'il ne travaille pas. Il profite de son temps! Il passe tous les matins plusieurs heures à la bibliothèque municipale pour lire les livres qu'il ne peut pas acheter. En plus, il apprend le japonais et il perfectionne son anglais et son italien.

06|07 S: C'est bien! Parce que l'avenir passe par la connaissance des langues.

06|08 M: C'est aussi mon avis. Maintenant, il envisage même de participer à un cours d'informatique financé par l'état pour avoir encore de meilleures chances.

06|09 S: Formidable. Je connais des chômeurs qui dépriment et qui n'arrêtent pas de se plaindre au lieu de mettre leur temps à profit comme votre ami.

06|10 M: Il faudrait que les gens réalisent que le travail, c'est davantage que l'activité pour laquelle on est rémunéré. Cela sera encore plus vrai à l'avenir lorsque de plus en plus de gens seront sans emploi pendant au moins une partie de leur vie!

06|11 S: C'est vrai. Mais nous parlions de vous. Que faites-vous?

06|12 M: Je suis ce que l'on pourrait appeler un homme d'affaires. Mon travail c'est le contact, autrement dit, j'aide des gens à trouver d'autres gens avec lesquels ils pourraient conclure des affaires. Notre entreprise travaille un peu comme une foire aux affaires, à la différence qu'elle ne se tient pas dans un lieu précis et qu'elle est ouverte toute l'année.

06|13 S: Ça doit être intéressant.

Kapitel 7: Und Sie, was machen Sie?

07|01 M: Und Sie? Sie sprachen vorhin von Ihren Kollegen. Sie arbeiten also. Was machen Sie, Sophie?

07|02 S: Ich bin Verkäuferin.

07|03 M: Ah. Und was verkaufen Sie?

07|04 S: Raten Sie!

07|05 M: Nun, ich weiß nicht … Sie könnten Bücher verkaufen oder Kleidung oder Kosmetika …

07|06 S: Nein, nichts von all dem. Ich gebe Ihnen noch eine Chance!

07|07 M: Nun, ich weiß nicht. Arbeiten Sie in einem Geschäft, oder besuchen Sie Kunden zu Hause oder in ihrem Büro?

07|08 S: Die Kunden kommen in das Geschäft.

07|09 M: Ein kleines oder ein großes Geschäft?

07|10 S: Ein eher großes Geschäft mit einem großen Vorführraum.

07|11 M: Und ist das, was Sie verkaufen, auch groß?

07|12 S: Ja. Mehrere Quadratmeter.

07|13 M: Ich gebe auf. Was verkaufen Sie, Sophie?

07|14 S: Vorhänge und Teppiche.

07|15 M: Ah, Teppiche!

07|16 S: Etwas ist Ihnen gerade eingefallen, Michel?

07|17 M: Nun, ich habe an eine Sendung gedacht, die ich im Fernsehen gesehen habe, über Kinder in der Dritten Welt, die mehr oder weniger gezwungen werden, Teppiche herzustellen …

07|18 S: Ja, ich verstehe. Aber ich kann Sie beruhigen: unsere Teppiche sind Imitationen, Industrieteppiche.

07|19 M: Nun, das ist mir lieber.

07|20 S: Mir auch.

Dekodierte Fassung

Chapitre Sept: Et vous, que faites-vous?
Kapitel Sieben: Und Sie, was machen_Sie?

07|01 M: Et vous? Tout à l'heure, vous parliez de vos collègues. C'est donc
Und Sie? Vorhin, Sie sprachen von Ihren Kollegen. Es_ist also

que vous travaillez. Que faites-vous, Sophie?
dass Sie arbeiten. Was machen_Sie, Sophie?

07|02 S: Je suis vendeuse.
Ich bin Verkäuferin.

07|03 M: Ah, ah. Et qu'est-ce que vous vendez?
Ah, ah. Und was_ist_es dass Sie verkaufen?

07|04 S: Devinez!
Raten Sie!

07|05 M: Eh bien, je ne sais pas, moi … vous pourriez vendre des
Nun, ich nicht weiß nicht, ich … Sie könnten verkaufen von_den

livres, des vêtements ou des produits de beauté …
Büchern, von_den Kleidern oder von_den Kosmetika …

07|06 S: Non, rien de tout cela. Je vous donne encore une chance!
Nein, nichts von all dem. Ich Ihnen gebe noch eine Chance!

07|07 M: Eh bien, je ne sais pas. Travaillez-vous dans un magasin ou
Nun, ich nicht weiß nicht. Arbeiten_Sie in einem Geschäft oder

rendez-vous visite à des clients chez eux ou à
abstatten_Sie Besuch zu von_den Kunden bei ihnen zu Hause oder in

leur bureau?
ihrem Büro?

07|08 S: Les clients viennent au magasin.
Die Kunden kommen in_das Geschäft.

07|09 M: Un petit ou un grand magasin?
Ein kleines oder ein großes Geschäft?

07|10 S: Un magasin plutôt grand, avec un grand espace de présentation.
Ein Geschäft eher großes, mit einem großen Raum von Vorführung.

07|11 M: Et ce que vous vendez, c'est grand aussi?
Und das was Sie verkaufen, das_ist groß auch?

07|12 S: Oui. Plusieurs mètres carrés.
Ja. Mehrere Meter quadratische.

07|13 M: Je donne ma langue au chat. Qu'est-ce que vous vendez, Sophie?
Ich gebe meine Zunge zu_der Katze. Was_ist_es das Sie verkaufen, Sophie?

07|14 S: Des rideaux et des tapis.
Von_den Vorhängen und von_den Teppichen.

07|15 M: Ah ah, des tapis!
Ah ah, von_den Teppichen!

07|16 S: Mais, qu'est-ce qui vous arrive, Michel?
Aber, was_ist_es das Ihnen einfällt, Michel?

07|17 M: Eh bien. Cela m'a fait penser à une émission que j'ai
Nun. Das mich_hat gemacht denken an eine Sendung die ich_habe

vue à la télévision, sur des enfants du
gesehen in dem Fernsehen, über von_den Kindern von_der

Tiers-Monde, plus ou moins forcés de fabriquer des
Dritten_Welt, mehr oder weniger gezwungen von herstellen von_den

tapis …
Teppichen …

07|18 S: Oui, je comprends. Mais je peux vous rassurer: nos tapis à
Ja, ich verstehe. Aber ich kann Sie beruhigen: unsere Teppiche zu

nous sont des imitations, des tapis industriels!
uns sind von_den Imitationen, von_den Teppichen industriellen!

07|19 M: Eh bien, je préfère ça.
Nun, ich vorziehe das.

07|20 S: Moi aussi.
Ich auch.

Französische Fassung

Chapitre Sept: Et vous, que faites-vous?

07|01 M: Et vous? Tout à l'heure, vous parliez de vos collègues. C'est donc que vous travaillez. Que faites-vous, Sophie?

07|02 S: Je suis vendeuse.

07|03 M: Ah, ah. Et qu'est-ce que vous vendez?

07|04 S: Devinez!

07|05 M: Eh bien, je ne sais pas, moi … vous pourriez vendre des livres, des vêtements ou des produits de beauté …

07|06 S: Non, rien de tout cela. Je vous donne encore une chance!

07|07 M: Eh bien, je ne sais pas. Travaillez-vous dans un magasin ou rendez-vous visite à des clients chez eux ou à leur bureau?

07|08 S: Les clients viennent au magasin.

07|09 M: Un petit ou un grand magasin?

07|10 S: Un magasin plutôt grand, avec un grand espace de présentation.

07|11 M: Et ce que vous vendez, c'est grand aussi?

07|12 S: Oui. Plusieurs mètres carrés.

07|13 M: Je donne ma langue au chat. Qu'est-ce que vous vendez, Sophie?

07|14 S: Des rideaux et des tapis.

07|15 M: Ah ah, des tapis!

07|16 S: Mais, qu'est-ce qui vous arrive, Michel?

07|17 M: Eh bien. Cela m'a fait penser à une émission que j'ai vue à la télévision, sur des enfants du Tiers-Monde, plus ou moins forcés de fabriquer des tapis …

07|18 S: Oui, je comprends. Mais je peux vous rassurer: nos tapis à nous sont des imitations, des tapis industriels!

07|19 M: Eh bien, je préfère ça.

07|20 S: Moi aussi.

Kapitel 8: Haben Sie Hunger?

08|01 M: Es ist seltsam, aber aus irgendeinem Grund ist eine Imitation heutzutage manchmal besser als das Original.

08|02 S: Ja. Denken Sie zum Beispiel an Leder oder Pelze. Ich würde nie einen echten Pelz tragen wollen. Ich lehne es ab, dass Tiere für einen Mantel sterben. Ich ziehe Imitationen vor.

08|03 M: Abgesehen von den moralischen Überlegungen sind Imitationen auch viel billiger.

08|04 S: Stimmt. Man hat Besseres für weniger Geld und kann so zum Beispiel ins Restaurant gehen.

08|05 M: Das ist eine gute Idee! Haben Sie Hunger?

08|06 S: Ehrlich gesagt, ja.

08|07 M: Ich kenne ein Restaurant hier ganz in der Nähe. Ein exzellenter Italiener. Oder ist Ihnen die chinesische Küche lieber?

08|08 S: Ich mag beides. Aber momentan hätte ich Lust auf den Italiener.

08|09 M: Nun, gehen wir dahin. Ist das Ihre Jacke?

08|10 S: Ja, garantiert eine Imitation!

08|11 M: Das erinnert mich an eine Geschichte.

08|12 S: Erzählen Sie.

08|13 M: Die Geschichte handelt von einem Seehundjungen, das man wegen seines Fells getötet hat. Es kommt geradewegs in den Himmel und wird sehr nett von St. Petrus empfangen, der ihm sagt: „Weil man Dich wegen Deines Fells getötet hat, gewährt Gott Dir einen Wunsch. Sag mir welchen, kleiner Seehund."

08|14 S: Und, was wollte er?

08|15 M: „Was ich will," sagte er zu St. Petrus, „ist ein Mantel aus Haut, aus der Haut einer dicken, alten Dame!"

08|16 S: Stimmt, es lohnt sich, darüber nachzudenken.

Dekodierte Fassung

Chapitre Huit: Avez-vous faim?
Kapitel Acht: Haben_Sie Hunger?

08|01 M: C'est curieux, mais de nos jours, pour une raison ou une autre,
Es_ist seltsam, aber heutzutage, für einen Grund oder einen anderen,

l'imitation est parfois mieux que l'original.
die_Imitation ist manchmal besser als das_Original.

08|02 S: Oui. Pensez au cuir ou aux fourrures par exemple.
Ja. Denken Sie an_das Leder oder an_die Pelze zu Beispiel.

Jamais je ne voudrais porter de vraie fourrure. Je refuse
Niemals ich nicht wollen_würde tragen von echtem Pelz. Ich ablehne

que des animaux meurent pour un manteau. Je préfère les
dass von_den Tieren sterben für einen Mantel. Ich vorziehe die

imitations.
Imitationen.

08|03 M: Mises à part les considérations morales, les imitations sont aussi
Gestellt beiseite die Überlegungen moralischen, die Imitationen sind auch

bien meilleur marché.
viel_billiger.

08|04 S: C'est vrai. On a mieux pour moins cher et, comme ça,
Das_ist wahr. Man hat Besseres für weniger teuer und, so,

on peut aller au restaurant par exemple.
man kann gehen in_das Restaurant zu Beispiel.

08|05 M: Ça c'est une bonne idée! Avez-vous faim?
Das es_ist eine gute Idee! Haben_Sie Hunger?

08|06 S: J'avoue que oui.
Ich_zugebe dass ja.

08|07 M: Je connais un restaurant tout près d'ici. Un Italien
Ich kenne ein Restaurant ganz nahe von_hier. Ein Italiener

excellent. Ou préférez-vous la cuisine chinoise?
exzellenter. Oder vorziehen_Sie die Küche chinesische?

08|08 S: J'aime les deux. Mais pour l'instant, l'Italien me tenterait.
Ich_mag die beiden. Aber momentan, der_Italiener mich reizen_würde.

08|09 M: Eh bien, allons-y. C'est votre veste?
Nun, gehen_wir_dahin. Das_ist Ihre Jacke?

08|10 S: Oui. Imitation garantie!
Ja. Imitation garantiert!

08|11 M: Ça me rappelle une histoire.
Das mich erinnert an eine Geschichte.

08|12 S: Allez-y.
Gehen_Sie_dahin.

08|13 M: C'est l'histoire d'un bébé phoque qu'on a tué
Das_ist die_Geschichte von_einem Baby-‿ Seehund den_man hat getötet

pour sa peau. Il va tout droit au ciel. Il est très bien
für sein Fell. Er geht geradewegs in_den Himmel. Er ist sehr gut

accueilli par St.-Pierre qui lui dit: «Puisqu'on t'a tué
empfangen von St._Petrus der ihm sagt: „Weil_man dich_hat getötet

pour ta peau, Dieu te permet de faire un vœu. Dis-moi
für dein Fell, Gott dir gestattet von machen einen Wunsch. Sag_mir

lequel, petit phoque.»
welchen, kleiner Seehund."

08|14 S: Alors, que voulait-il?
Also, was wollte_er?

08|15 M: «Ce que je veux», a-t-il dit à St.-Pierre, «c'est un manteau
„Das was ich will", hat_er gesagt zu St._Petrus, „das_ist ein Mantel

en peau, en peau de grosse vieille dame!»
aus Haut, aus Haut von dicker alter Dame!"

08|16 S: C'est vrai, cela devrait donner à réfléchir.
Das_ist wahr, das müsste geben zu nachdenken.

Französische Fassung

Chapitre Huit: Avez-vous faim?

08|01 M: C'est curieux, mais de nos jours, pour une raison ou une autre, l'imitation est parfois mieux que l'original.

08|02 S: Oui. Pensez au cuir ou aux fourrures par exemple. Jamais je ne voudrais porter de vraie fourrure. Je refuse que des animaux meurent pour un manteau. Je préfère les imitations.

08|03 M: Mises à part les considérations morales, les imitations sont aussi bien meilleur marché.

08|04 S: C'est vrai. On a mieux pour moins cher et, comme ça, on peut aller au restaurant par exemple.

08|05 M: Ça c'est une bonne idée! Avez-vous faim?

08|06 S: J'avoue que oui.

08|07 M: Je connais un restaurant tout près d'ici. Un Italien excellent. Ou préférez-vous la cuisine chinoise?

08|08 S: J'aime les deux. Mais pour l'instant, l'Italien me tenterait.

08|09 M: Eh bien, allons-y. C'est votre veste?

08|10 S: Oui. Imitation garantie!

08|11 M: Ça me rappelle une histoire.

08|12 S: Allez-y.

08|13 M: C'est l'histoire d'un bébé phoque qu'on a tué pour sa peau. Il va tout droit au ciel. Il est très bien accueilli par St.-Pierre qui lui dit: «Puisqu'on t'a tué pour ta peau, Dieu te permet de faire un vœu. Dis-moi lequel, petit phoque.»

08|14 S: Alors, que voulait-il?

08|15 M: «Ce que je veux», a-t-il dit à St.-Pierre, «c'est un manteau en peau, en peau de grosse vieille dame!»

08|16 S: C'est vrai, cela devrait donner à réfléchir.

Kapitel 9: Im Restaurant

09|01 S: Man könnte dieselbe Art von Geschichte für Elefanten erzählen, weil man sie wegen des Elfenbeins ihrer Stoßzähne jagt …

09|02 M: … oder für alle Arten von Tieren, die man tötet, auch wenn man sie nicht isst …

09|03 S: Ah, essen. Ist es da?

09|04 M: Ja. Nach Ihnen.

09|05 S: Danke. Oh, ist das gemütlich. Das gefällt mir.

09|06 M: Ich habe hier schon gegessen. Es ist nicht überteuert, und es ist gut.

09|07 S: Sagt Ihnen dieser Tisch dort zu?

09|08 M: Ja, ganz und gar.

09|09 S: Ich werde Spaghetti Bolognese nehmen. Ich mag Spaghetti sehr.

09|10 M: Und einen großen Teller Salat mit italienischem Dressing!

09|11 S: Mit Essig-Öl-Dressing? Klingt verlockend.

09|12 M: Und zum Trinken? Wie wär's mit Wein?

09|13 S: Wie heißt dieser italienische Wein in Flaschen, deren Flaschenhals schmal ist und die unten eher breit sind?

09|14 M: Chianti!

09|15 S: Ah ja, stimmt. Wollen wir den nehmen?

09|16 M: Einverstanden. Da ist der Kellner …

09|17 S: Michel, würden Sie mich bitte einen Augenblick entschuldigen?

09|18 M: Aber ich bitte Sie. Es ist da hinten im Raum.

09|19 S: Danke schön.

09|20 M: Soll ich trotzdem für uns beide bestellen?

09|21 S: Ja, natürlich. Ich bin gleich zurück.

Dekodierte Fassung

Chapitre	Neuf:	Au	restaurant
Kapitel	**Neun:**	**In_dem**	**Restaurant**

09|01 S:

On	pourrait	raconter	le	même	genre	d'histoire	avec	les
Man	**könnte**	**erzählen**	**die‿**	**selbe**	**Art**	**von_Geschichte**	**mit**	**den**

éléphants	puisqu'on	les	chasse	pour	l'ivoire	de	leurs	défenses	…
Elefanten	**weil_man**	**sie**	**jagt**	**für**	**das_Elfenbein**	**von**	**ihren**	**Stoßzähnen**	**…**

09|02 M:

…	ou	encore	avec	toutes	sortes	d'animaux	que	l'on	tue	même quand
…	**oder**	**noch**	**mit**	**allen**	**Arten**	**von_Tieren**	**die**	**man**	**tötet**	**auch_wenn**

ce	n'est	pas	pour	manger	…
es	**nicht_ist**	**nicht**	**für**	**essen**	**…**

09|03 S:

Ah,	manger.	C'est	là?
Ah,	**essen.**	**Es_ist**	**da?**

09|04 M: Oui. Après vous.
Ja. Nach Ihnen.

09|05 S: Merci. Oh, c'est sympathique. Ça me plaît.
Danke. Oh, das_ist gemütlich. Das mir gefällt.

09|06 M: J'ai déjà mangé ici. Ce n'est pas hors de prix et c'est bon.
Ich_habe schon gegessen hier. Es nicht_ist nicht überteuert und es_ist gut.

09|07 S: Cette table, là-bas, vous convient?
Dieser Tisch, dort, Ihnen zusagt?

09|08 M: Oui, tout à fait.
Ja, ganz_und_gar.

09|09 S: Je prendrai des spaghetti Bolognaise. J'adore[10] les spaghetti.
Ich nehmen_werde von_den Spaghetti Bolognese. Ich_sehr_mag die Spaghetti.

09|10 M: Et une grande assiette de salade à la sauce italienne!
Und einen großen Teller von Salat mit dem Dressing italienischen!

09|11 S: À la vinaigrette? C'est tentant.
Mit dem Essig-Öl-Dressing? Das_ist verlockend.

09|12 M: Et comme boisson? Du vin?
Und als Getränk? Von_dem Wein?

09|13 S: Comment s'appelle ce vin italien en bouteilles au
Wie sich_nennt dieser Wein italienische in Flaschen mit_dem

goulot étroit et plutôt larges en bas?
Flaschenhals schmalen und eher breit unten?

09|14 M: Du chianti!
Von_dem Chianti!

09|15 S: Ah oui, c'est ça. Si on en prenait?
Ah ja, das_ist das. Ob man davon nähme?

09|16 M: D'accord. Voilà le garçon …
Einverstanden. Sieh_da der Kellner …

09|17 S: Un instant, s'il vous plaît, Michel. Excusez-moi.
Einen Augenblick, bitte, Michel. Entschuldigen_Sie_mich.

09|18 M: Mais je vous en prie. C'est au fond de la salle.
Aber ich Sie darum bitte. Es_ist hinten_in dem Raum.

---

10 „Adorer" heißt sowohl „anbeten" als auch „sehr mögen" oder „sehr gerne tun".

09|19 S:	Merci bien.
	Danke_schön.

09|20 M:	Je	commande	quand même	pour	nous	deux?
	Ich	**bestelle**	**trotzdem**	**für**	**uns**	**zwei?**

09|21 S:	Oui,	bien sûr.	Je	n'en	ai	pas	pour	longtemps.
	Ja,	**natürlich.**	**Ich**	**nicht_davon**	**habe**	**nicht**	**für**	**lange_Zeit.**

Französische Fassung

Chapitre Neuf: Au restaurant

09|01 S: On pourrait raconter le même genre d'histoire avec les éléphants puisqu'on les chasse pour l'ivoire de leurs défenses …

09|02 M: … ou encore avec toutes sortes d'animaux que l'on tue même quand ce n'est pas pour manger …

09|03 S: Ah, manger. C'est là?

09|04 M: Oui. Après vous.

09|05 S: Merci. Oh, c'est sympathique. Ça me plaît.

09|06 M: J'ai déjà mangé ici. Ce n'est pas hors de prix et c'est bon.

09|07 S: Cette table, là-bas, vous convient?

09|08 M: Oui, tout à fait.

09|09 S: Je prendrai des spaghetti Bolognaise. J'adore les spaghetti.

09|10 M: Et une grande assiette de salade à la sauce italienne!

09|11 S: À la vinaigrette? C'est tentant.

09|12 M: Et comme boisson? Du vin?

09|13 S: Comment s'appelle ce vin italien en bouteilles au goulot étroit et plutôt larges en bas?

09|14 M: Du chianti!

09|15 S: Ah oui, c'est ça. Si on en prenait?

09|16 M: D'accord. Voilà le garçon …

09|17 S: Un instant, s'il vous plaît, Michel. Excusez-moi.

09|18 M: Mais je vous en prie. C'est au fond de la salle.

09|19 S: Merci bien.

09|20 M: Je commande quand même pour nous deux?

09|21 S: Oui, bien sûr. Je n'en ai pas pour longtemps.

Kapitel 10: Auf Wiedersehen

10|01 M: Hm, köstlich. Ich hoffe, dass es Ihnen geschmeckt hat.

10|02 S: Ja, wirklich sehr gut, ich danke Ihnen.

10|03 M: Und jetzt einen Kaffee?

10|04 S: Gute Idee. Obwohl ich gewöhnlich nicht viel Kaffee trinke.

10|05 M: Ich auch nicht. Tagsüber trinke ich im Allgemeinen Tee.

10|06 S: Aber ohne Milch! Nicht wie die Engländer.

10|07 M: Ich nehme auch keine Milch. Die Italiener trinken viel Kaffee oder eher Cappuccino und Espresso.

10|08 S: Die Amerikaner trinken viel Cola, und die Franzosen mögen den Wein.

10|09 M: Andere Länder, andere Sitten.

10|10 S: Noch ein Vorteil des Sprachenlernens: Man entdeckt andere Sitten und erwirbt Kenntnisse über andere Länder.

10|11 M: Ohne sich selbst ins Ausland begeben zu müssen. Die Welt ist so klein, dass man Leute aus aller Welt sogar bei sich zu Hause treffen kann, wenn man sie nicht als Ausländer betrachtet und glaubt, man sei ihnen überlegen …

10|12 S: Eigentlich sind wir alle Ausländer, überall auf der Welt, außer an einem Fleckchen bei sich zu Hause im eigenen Land. Übrigens, ich muss nach Hause, es ist spät.

10|13 M: In der Tat, beinahe Mitternacht. Ich habe einen sehr angenehmen Abend in Ihrer Gesellschaft verbracht, Sophie.

10|14 S: Ich auch. Es war mir ein Vergnügen, Michel.

10|15 M: Wenn Sie wollen, wird es nicht das letzte Mal sein.

10|16 S: Gern. Hier ist meine Karte. Rufen Sie mich bei Gelegenheit an.

10|17 M: Einverstanden. Hier ist meine Karte. Soll ich Sie nach Hause bringen?

10|18 S: Nein, machen Sie sich keine Mühe. Aber Sie können den Kellner bitten, ein Taxi zu rufen. Das wäre sehr gut.

10|19 M: Herr Ober, können Sie ein Taxi für die Dame rufen? Also, auf Wiedersehen, Sophie!

10|20 S: Nun, auf Wiedersehen. Bis zum nächsten Mal.

Dekodierte Fassung

Chapitre Dix: Au revoir
Kapitel Zehn: Auf_das Wiedersehen

10|01 M: Hm, délicieux. J'espère que cela vous a plu.
Hm, köstlich. Ich_hoffe dass das Ihnen hat geschmeckt.

10|02 S: Oui, vraiment très bon, je vous remercie.
Ja, wirklich sehr gut, ich Ihnen danke.

10|03 M: Et après cela, un café?
Und danach, einen Kaffee?

10|04 S: Bonne idée. Bien que d'habitude, je ne boive pas beaucoup de café.
Gute Idee. Obwohl gewöhnlich, ich nicht trinke nicht viel von Kaffee.

10|05 M: Moi non plus. Dans la journée, je bois généralement du thé.
Ich ebenso_wenig. Tagsüber, ich trinke im_Allgemeinen von_dem Tee.

10|06 S: Mais sans lait! Pas comme les Anglais.
Aber ohne Milch! Nicht wie die Engländer.

10|07 M: Moi non plus je ne prends pas de lait. Les Italiens eux
Ich ebenso_wenig ich nicht nehme nicht von Milch. Die Italiener sie

boivent beaucoup de café, ou plutôt du cappuccino et de
trinken viel von Kaffee, oder eher von_dem Cappuccino und von

l'espresso.
dem_Espresso.

10|08 S: Les Américains boivent beaucoup de coca, et les Français aiment
Die Amerikaner trinken viel von Cola, und die Franzosen mögen

le vin.
den Wein.

10|09 M: Autres pays, autres mœurs.
Andere Länder, andere Sitten.

10|10 S: Encore un avantage de l'apprentissage des langues: on découvre
Noch ein Vorteil von dem_Lernen von_den Sprachen: man entdeckt

d'autres coutumes et on acquiert des connaissances sur les
von_anderen Sitten und man erwirbt von_den Kenntnissen über die

autres pays.
anderen Länder.

10|11 M: Sans même devoir se rendre à l'étranger. Le monde est si
Ohne selbst zu müssen sich begeben in das_Ausland. Die Welt ist so

petit que l'on peut rencontrer des gens du monde entier,
klein dass man kann treffen von_den Leuten von_der Welt ganzen,

même chez soi, à moins que l'on ne les considère
sogar bei sich zu Hause, wenn_nicht dass man nicht sie betrachtet

comme des étrangers et que l'on se croit supérieur à
als von_den Ausländern und dass man sich glaubt überlegen zu

eux …
ihnen …

10|12 S: En fait, nous sommes tous des étrangers, partout dans le
Eigentlich, wir sind alle von_den Ausländern, überall in der

monde, sauf dans un tout petit coin, dans son propre pays, chez
Welt, außer in einem Fleckchen, in seinem eigenen Land, bei

soi. À propos, il faut que je rentre, il est tard.
sich zu Hause. Übrigens, es nötig_ist dass ich nach_Hause_gehe, es ist spät.

10|13 M: Presque minuit, en effet. J'ai passé une soirée très
Beinahe Mitternacht, in_der_Tat. Ich_habe verbracht einen Abend sehr

agréable en votre compagnie, Sophie.
angenehmen in Ihrer Gesellschaft, Sophie.

10|14 S: Moi aussi. Cela m'a fait plaisir, Michel.
Ich auch. Das mir_hat gemacht Vergnügen, Michel.

10|15 M: Si vous le voulez, ce ne sera pas la dernière fois.
Falls Sie es wollen, das nicht sein_wird nicht das letzte Mal.

10|16 S: Volontiers. Voici ma carte. Appelez-moi à l'occasion.
Gern. Sieh_hier meine Karte. Anrufen_Sie_mich bei der_Gelegenheit.

10|17 M: D'accord. Voici ma carte. Je vous ramène chez
Einverstanden. Sieh_hier meine Karte. Ich Sie zurückbringe zu

vous?
Ihnen nach Hause?

10|18 S: Non, ce n'est pas la peine. Mais vous pouvez demander
Nein, das nicht_ist nicht die Mühe. Aber Sie können bitten

au garçon d'appeler un taxi, ce sera très bien.
zu_dem Kellner von_rufen ein Taxi, das wird_sein sehr gut.

10|19 M: Garçon, pouvez-vous appeler un taxi pour madame? Alors, au
Kellner, können_Sie rufen ein Taxi für die_Dame? Also, auf_das

revoir, Sophie!
Wiedersehen, Sophie!

10|20 S: Eh bien, au revoir. À la prochaine fois.
Nun, auf_das Wiedersehen. Zu dem nächsten Mal.

Französische Fassung

Chapitre Dix: Au revoir

10|01 M: Hm, délicieux. J'espère que cela vous a plu.
10|02 S: Oui, vraiment très bon, je vous remercie.
10|03 M: Et après cela, un café?
10|04 S: Bonne idée. Bien que d'habitude, je ne boive pas beaucoup de café.

10|05 M: Moi non plus. Dans la journée, je bois généralement du thé.

10|06 S: Mais sans lait! Pas comme les Anglais.

10|07 M: Moi non plus je ne prends pas de lait. Les Italiens eux boivent beaucoup de café, ou plutôt du cappuccino et de l'espresso.

10|08 S: Les Américains boivent beaucoup de coca, et les Français aiment le vin.

10|09 M: Autres pays, autres mœurs.

10|10 S: Encore un avantage de l'apprentissage des langues: on découvre d'autres coutumes et on acquiert des connaissances sur les autres pays.

10|11 M: Sans même devoir se rendre à l'étranger. Le monde est si petit que l'on peut rencontrer des gens du monde entier, même chez soi, à moins que l'on ne les considère comme des étrangers et que l'on se croit supérieur à eux …

10|12 S: En fait, nous sommes tous des étrangers, partout dans le monde, sauf dans un tout petit coin, dans son propre pays, chez soi. À propos, il faut que je rentre, il est tard.

10|13 M: Presque minuit, en effet. J'ai passé une soirée très agréable en votre compagnie, Sophie.

10|14 S: Moi aussi. Cela m'a fait plaisir, Michel.

10|15 M: Si vous le voulez, ce ne sera pas la dernière fois.

10|16 S: Volontiers. Voici ma carte. Appelez-moi à l'occasion.

10|17 M: D'accord. Voici ma carte. Je vous ramène chez vous?

10|18 S: Non, ce n'est pas la peine. Mais vous pouvez demander au garçon d'appeler un taxi, ce sera très bien.

10|19 M: Garçon, pouvez-vous appeler un taxi pour madame? Alors, au revoir, Sophie!

10|20 S: Eh bien, au revoir. À la prochaine fois.

Epilog

1E|01 S: Und Sie, meine Damen und Herren, können uns jedes Mal wieder treffen, wenn Sie diese Kassette anhören.

1E|02 M: Wir sind am Ende unserer ersten Etappe angekommen. Ab dem Augenblick, wo Sie alles verstehen, haben Sie den schwierigsten Teil unserer Reise in die französische Sprache hinter sich.

1E|03 S: Der Anfang ist immer das Schwierigste. Ab jetzt ist es leichter. Weil Ihnen bei jedem Anhören die Sprache vertrauter wird.

1E|04 M: Sie haben gelernt, was Sie sagen, wenn Sie jemanden treffen, wie man Namen austauscht und sie memoriert, wie man Leute fragt, wo sie wohnen und was sie machen.

1E|05 S: Und Sie haben begonnen, die Kunst zu lernen, über andere Sachen zu sprechen. Sie haben wichtige Sätze gelernt, die man benutzt, um Ideen über alle Themen auszutauschen.

1E|06 M: Wenn Sie mit dem ersten Teil vollkommen vertraut sind, sind Sie für den zweiten Teil bereit, wo Sie lernen werden, wie man sich zurechtfindet.

1E|07 S: Wir werden ein Grammatik- und ein Mathematikspiel spielen, wir werden über Geburtstage sprechen, wir werden unseren Weg in einer Stadt suchen, wir werden einen Telefonanruf tätigen usw.

1E|08 M: Das war's für heute, auf Wiedersehen.

1E|09 S: Auf Wiedersehen. Wir wünschen Ihnen viel Glück bis zu unserem nächsten Treffen …

1E|10 M: … das jedes Mal sein wird, wenn Sie diese Kassette anhören.

1E|11 S: Und jedes Mal ist es leichter. Sie werden sehen, dass es Spaß machen kann, eine fremde Sprache zu lernen, wenn man es will und wenn man feststellt, dass einen jeder Satz bei der Beherrschung dieser Sprache ein bisschen weiterbringt.

1E|12 M: Stimmt. Also auch Ihnen, Sophie, auf Wiedersehen.

1E|13 S: Auf Wiedersehen, Michel!

Dekodierte Fassung

Épilogue
Epilog

1E|01 S:

Quant à	vous,	Mesdames	et	Messieurs,	vous
Mit_Blick_auf	**Sie,**	**meine_Damen**	**und**	**meine_Herren,**	**Sie**

pourrez	nous	retrouver	chaque	fois	que	vous	écouterez
können_werden	**uns**	**wiederfinden**	**jedes**	**Mal**	**dass**	**Sie**	**anhören_werden**

cette	cassette.
diese	**Kassette.**

1E|02 M:

Nous	sommes	arrivés	à	la	fin	de	notre	première	étape.
Wir	**sind**	**angekommen**	**an**	**dem**	**Ende**	**von**	**unserer**	**ersten**	**Etappe.**

Dès	l'instant	où	vous	comprendrez	tout,	vous	aurez
Ab	**dem_Augenblick**	**wo**	**Sie**	**verstehen_werden**	**alles,**	**Sie**	**haben_werden**

derrière vous la partie la plus difficile de notre voyage dans
hinter sich den Teil den meist schwierigen von unserer Reise in

la langue française.
die Sprache französische.

1E|03 S: Le début est toujours le plus difficile. À partir de maintenant, ce
Der Anfang ist immer das meist Schwierige. Ab jetzt, das

sera plus facile. Parce qu'à chaque écoute, la langue
sein_wird mehr leicht. Weil dass_bei jedem Anhören, die Sprache

vous sera plus familière.
Ihnen sein_wird mehr vertraut.

1E|04 M: Vous avez appris ce que vous dites lorsque vous rencontrez
Sie haben gelernt das was Sie sagen wenn Sie treffen

quelqu'un, comment échanger les noms et les mémoriser,
jemanden, wie austauschen die Namen und sie memorieren,

comment demander aux gens où ils habitent et ce qu'ils font.
wie fragen zu_den Leuten wo sie wohnen und das was_sie machen.

1E|05 S: Et vous avez commencé à apprendre l'art de parler
Und Sie haben begonnen zu lernen die_Kunst von sprechen

d'autres choses. Vous avez appris des phrases importantes que
von_anderen Sachen. Sie haben gelernt von_den Sätzen wichtigen die

l'on utilise pour échanger des idées sur tous les sujets.
man benutzt für austauschen von_den Ideen über all die Themen.

1E|06 M: Lorsque vous serez complètement familiarisé avec la première
Wenn Sie sein_werden vollkommen vertraut mit dem ersten

partie, vous serez prêt pour la seconde partie où vous
Teil, Sie sein_werden bereit für den zweiten Teil wo Sie

apprendrez à vous débrouiller.
lernen_werden zu sich zurechtfinden.

1E|07 S: Nous ferons un jeu de grammaire et de mathématiques,
Wir machen_werden ein Spiel von Grammatik und von Mathematik,

nous parlerons d'anniversaires, nous chercherons notre
wir sprechen_werden von_Geburtstagen, wir suchen_werden unseren

chemin dans une ville, nous passerons un coup de téléphone etc.
Weg in einer Stadt, wir durchführen_werden einen Telefonanruf usw.

1E|08 M: Voilà pour aujourd'hui, au revoir.
Sieh_da für heute, auf_das Wiedersehen.

1E|09 S: Au revoir, et nous vous souhaitons bonne chance jusqu'à
Auf_das Wiedersehen, und wir Ihnen wünschen gutes Glück bis_zu

notre prochaine rencontre …
unserem nächsten Treffen …

1E|10 M: … qui aura lieu chaque fois que vous écouterez cette cassette.
… das haben_wird Platz jedes Mal dass Sie anhören_werden diese Kassette.

1E|11 S: Et chaque fois, ce sera plus facile. Vous verrez
Und jedes Mal, das sein_wird mehr leicht. Sie sehen_werden

qu'on peut prendre plaisir à apprendre une langue étrangère
dass_man kann nehmen Vergnügen zu lernen eine Sprache fremde

lorsqu'on le veut et lorsqu'on constate que chaque phrase vous
wenn_man es will und wenn_man feststellt dass jeder Satz Sie

entraîne un peu plus loin dans la maîtrise de cette langue.
mitnimmt ein bisschen mehr weit in der Beherrschung von dieser Sprache.

1E|12 M: C'est vrai. Alors, à vous aussi Sophie, au revoir.
Das_ist wahr. Also, zu Ihnen auch Sophie, auf_das Wiedersehen.

1E|13 S: Au revoir, Michel.
Auf_das Wiedersehen, Michel.

Französische Fassung

Épilogue

1E|01 S: Quant à vous, Mesdames et Messieurs, vous pourrez nous retrouver chaque fois que vous écouterez cette cassette.

1E|02 M: Nous sommes arrivés à la fin de notre première étape. Dès l'instant où vous comprendrez tout, vous aurez derrière vous la partie la plus difficile de notre voyage dans la langue française.

1E|03 S: Le début est toujours le plus difficile. À partir de maintenant, ce sera plus facile. Parce qu'à chaque écoute, la langue vous sera plus familière.

1E|04 M: Vous avez appris ce que vous dites lorsque vous rencontrez quelqu'un, comment échanger les noms et les mémoriser, comment demander aux gens où ils habitent et ce qu'ils font.

1E|05 S: Et vous avez commencé à apprendre l'art de parler d'autres choses. Vous avez appris des phrases importantes que l'on utilise pour échanger des idées sur tous les sujets.

1E|06 M: Lorsque vous serez complètement familiarisé avec la première partie, vous serez prêt pour la seconde partie où vous apprendrez à vous débrouiller.

1E|07 S: Nous ferons un jeu de grammaire et de mathématiques, nous parlerons d'anniversaires, nous chercherons notre chemin dans une ville, nous passerons un coup de téléphone etc.

1E|08 M: Voilà pour aujourd'hui, au revoir.

1E|09 S: Au revoir, et nous vous souhaitons bonne chance jusqu'à notre prochaine rencontre …

1E|10 M: … qui aura lieu chaque fois que vous écouterez cette cassette.

1E|11 S: Et chaque fois, ce sera plus facile. Vous verrez qu'on peut prendre plaisir à apprendre une langue étrangère lorsqu'on le veut et lorsqu'on constate que chaque phrase vous entraîne un peu plus loin dans la maîtrise de cette langue.

1E|12 M: C'est vrai. Alors, à vous aussi Sophie, au revoir.

1E|13 S: Au revoir, Michel.

Prolog: Ein Schritt nach dem anderen!

2P|01 S: Guten Tag, willkommen zum zweiten Teil dieses Kurses. Wenn Sie den ersten Teil verfolgt haben, wissen Sie jetzt, wie man Leute kennenlernt, die man trifft, wie man ihre Namen lernt …

2P|02 M: … wie man Namen die volle Aufmerksamkeit widmet und versucht, sie zu memorieren …

2P|03 S: … dank kleiner Tricks …

2P|04 M: … weil Namen wichtig sind! Die Leute mögen es sehr, wenn Sie sich für sie interessieren.

2P|05 S: Und der Name ist nur der Anfang. Dann können Sie über den Ort, wo Sie wohnen, oder über Ihre Arbeit sprechen oder sich mit der Person unterhalten …

2P|06 M: Wenn man eine Sprache lernt, ist es wichtig, zuerst über Sachen zu sprechen, über die man sprechen kann …

2P|07 S: … während man später über alles sprechen kann, worüber man sprechen will.

2P|08 M: Weil ein Anfänger wie ein Kind ist: er muss zuerst Schritt für Schritt vorgehen.

2P|09 S: Und jeder Satz ist ein Schritt.

2P|10 M: Wenn Sie sich immer auf einen einzigen Satz konzentrieren, sich nicht beeilen und sich dabei Zeit lassen, macht Ihnen Lernen Spaß.

2P|11 S: Und jeder Schritt, den Sie machen, gibt Ihnen mehr Selbstvertrauen.

2P|12 M: Setzen wir also unsere Reise in die französische Sprache fort. Kommen Sie mit mir, wenn ich mit Sophie telefoniere …

Dekodierte Fassung

Prologue:	Pas	à	pas!
Prolog:	**Schritt**	**für**	**Schritt!**

2P|01 S:

Bonjour,	bienvenue	à	la	seconde	partie	de	ce	cours.	Si
Guten_Tag,	**willkommen**	**zu**	**dem**	**zweiten**	**Teil**	**von**	**diesem**	**Kurs.**	**Falls**

vous	avez	suivi	la	première	partie,	vous	savez	maintenant	comment
Sie	**haben**	**verfolgt**	**den**	**ersten**	**Teil,**	**Sie**	**wissen**	**jetzt**	**wie**

faire	connaissance	des	gens	que	vous	rencontrez,	comment
machen	**Bekanntschaft**	**von_den**	**Leuten**	**die**	**Sie**	**treffen,**	**wie**

apprendre	leurs	noms	…
lernen	**ihre**	**Namen**	**…**

2P|02 M:

…	comment	faire	très	attention	aux	noms	et	essayer
…	**wie**	**machen**	**sehr**	**Aufmerksamkeit**	**zu_den**	**Namen**	**und**	**versuchen**

de	les	mémoriser	…
von	**sie**	**memorieren**	**…**

2P|03 S:

…	grâce	à	des	petits	trucs	…
…	**dank**	**zu**	**von_den**	**kleinen**	**Tricks**	**…**

2P|04 M: … parce que les noms sont importants! Les gens adorent que
… weil dass die Namen sind wichtig! Die Leute sehr_mögen dass

vous vous intéressiez à eux.
Sie sich interessieren für sie.

2P|05 S: Et leur nom n'est que le début. Ensuite, vous
Und ihr Name nicht_ist anderes[11] als der Anfang. Dann, Sie

pouvez parler de l'endroit où vous habitez ou de votre travail
können sprechen von dem_Ort wo Sie wohnen oder von Ihrer Arbeit

ou bien vous entretenir avec la personne …
oder sich unterhalten mit der Person …

2P|06 M: Lorsqu'on apprend une langue, il est important de parler
Wenn_man lernt eine Sprache, es ist wichtig von sprechen

tout d'abord des choses dont on peut parler …
zuerst von_den Sachen wovon man kann sprechen …

2P|07 S: … tandis que plus tard, on pourra parler de tout ce
… während dass mehr spät, man können_wird sprechen von all dem

dont on veut parler.
wovon man will sprechen.

2P|08 M: Parce qu'un débutant est comme un enfant: il doit d'abord
Weil dass_ein Anfänger ist wie ein Kind: er muss zuerst

avancer pas à pas.
vorgehen Schritt für Schritt.

2P|09 S: Et chaque phrase est un pas.
Und jeder Satz ist ein Schritt.

2P|10 M: Si vous vous concentrez toujours sur une seule phrase, sans
Falls Sie sich konzentrieren immer auf einen einzigen Satz, ohne

vous presser et en prenant votre temps, vous aurez
sich zu beeilen und da‿ bei nehmend Ihre Zeit, Sie haben_werden

du plaisir à apprendre.
von_dem Vergnügen zu lernen.

11 Anstatt „das ist nur der Anfang", „Sie sind erst am Anfang" usw. sagt man im Französischen oft „das nicht ist anderes als der Anfang", „Sie nicht sind anderswo als an dem Anfang" usw. Die Wörter „nur" und „erst" werden also durch „nicht anderes/anderswo" umschrieben.

2P|11 S: Et chaque pas que vous faites vous donne davantage de
Und jeder Schritt den Sie machen Ihnen gibt mehr von

confiance en vous.
Selbstvertrauen.

2P|12 M: Alors continuons notre voyage dans la langue française.
Also fortsetzen wir unsere Reise in die Sprache französische.

Venez avec moi: je vais téléphoner à Sophie …
Kommen Sie mit mir: ich gehe zu telefonieren mit Sophie …

Französische Fassung

Prologue: Pas à pas!

2P|01 S: Bonjour, bienvenue à la seconde partie de ce cours. Si vous avez suivi la première partie, vous savez maintenant comment faire connaissance des gens que vous rencontrez, comment apprendre leurs noms …

2P|02 M: … comment faire très attention aux noms et essayer de les mémoriser …

2P|03 S: … grâce à des petits trucs …

2P|04 M: … parce que les noms sont importants! Les gens adorent que vous vous intéressiez à eux.

2P|05 S: Et leur nom n'est que le début. Ensuite, vous pouvez parler de l'endroit où vous habitez ou de votre travail ou bien vous entretenir avec la personne …

2P|06 M: Lorsqu'on apprend une langue, il est important de parler tout d'abord des choses dont on peut parler …

2P|07 S: … tandis que plus tard, on pourra parler de tout ce dont on veut parler.

2P|08 M: Parce qu'un débutant est comme un enfant: il doit d'abord avancer pas à pas.

2P|09 S: Et chaque phrase est un pas.

2P|10 M: Si vous vous concentrez toujours sur une seule phrase, sans vous presser et en prenant votre temps, vous aurez du plaisir à apprendre.

2P|11 S: Et chaque pas que vous faites vous donne davantage de confiance en vous.

2P|12 M: Alors continuons notre voyage dans la langue française. Venez avec moi: je vais téléphoner à Sophie …

Kapitel 11: Ein Telefonanruf

11|01 M: Wo ist Sophies Karte mit ihrer Telefonnummer? Ah … da ist sie. Mal sehen …
11|02 S: Hallo?
11|03 M: Hallo? Kann ich bitte mit Fräulein Grandpied sprechen?
11|04 S: Entschuldigen Sie, aber die Leitung ist schlecht. Ich habe nicht verstanden …
11|05 M: Kann ich bitte mit Fräulein Grandpied sprechen?
11|06 S: Wer spricht bitte?
11|07 M: Michel Lebois.
11|08 S: Ah, sind Sie der, mit dem sie neulich Abend zu Abend gegessen hat?
11|09 M: Ja, das bin ich. Aber sagen Sie – sind Sie das, Sophie?
11|10 S: Ja, Michel, ich bin's.
11|11 M: Ich hatte Sie nicht sofort wiedererkannt.
11|12 S: Ich weiß, unser Telefon ist nicht ganz neu.
11|13 M: Das hätte Ihre Schwester sein können …
11|14 S: … oder meine Mutter?
11|15 M: Hören Sie: Ich muss geschäftlich nach Lyon fahren und würde Sie gerne wiedersehen.
11|16 S: Ja, das wäre schön. Wann kommen Sie?
11|17 M: Ich habe am Freitag mehrere Treffen. Wenn Sie am Abend Zeit haben, könnten wir zusammen zu Abend essen.
11|18 S: Gute Idee. Ein gemeinsames Abendessen am Freitagabend, das wäre sehr schön!
11|19 M: Toll. Ich komme um sieben Uhr vorbei und hole Sie ab.
11|20 S: Ja, ich werde da sein, Michel.

Dekodierte Fassung

Chapitre Onze: Un coup de téléphone
Kapitel Elf: Ein Telefonanruf

11|01 M: Où est la carte de Sophie avec son numéro de téléphone? Ah
Wo ist die Karte von Sophie mit ihrer Nummer von Telefon? Ah

… la voilà. Voyons un peu …
… sie sieh_da. Sehen wir ein bisschen …

11|02 S: Allô?
Hallo?

11|03 M: Allô? Puis-je parler à Mademoiselle Grandpied, s'il vous plaît?
Hallo? Kann_ich sprechen mit Fräulein Grandpied, bitte?

11|04 S: Excusez-moi, mais la ligne est mauvaise. Je n'ai
Entschuldigen_Sie_mich, aber die Leitung ist schlecht. Ich nicht_habe

pas compris …
nicht verstanden …

11|05 M: Puis-je parler à Mademoiselle Grandpied, s'il vous plaît?
Kann_ich sprechen mit Fräulein Grandpied, bitte?

11|06 S: De la part de qui?
Seitens von wem?

11|07 M: Michel Lebois.
Michel Lebois.

11|08 S: Ah, c'est avec vous qu'elle a dîné l'autre soir?
Ah, es_ist mit Ihnen dass_sie hat zu_Abend_gegessen neulich_Abend?

11|09 M: Oui, c'est moi. Mais dites-moi – c'est vous, Sophie?
Ja, das_ist ich. Aber sagen_Sie_mir – das_ist Sie, Sophie?

11|10 S: Oui, Michel, c'est moi.
Ja, Michel, das_ist ich.

11|11 M: Je ne vous avais pas reconnu tout de suite.
Ich nicht Sie hatte nicht wiedererkannt sofort.

11|12 S: Je sais, notre téléphone n'est pas tout jeune.
Ich weiß, unser Telefon nicht_ist nicht ganz neu.

11|13 M: Ça aurait pu être votre sœur …
Das hätte können sein Ihre Schwester …

11|14 S: … ou ma mère?
… oder meine Mutter?

11|15 M: Écoutez: je dois aller à Lyon pour mon travail et
Zuhören Sie: ich muss fahren nach Lyon für meine Arbeit und

j'aimerais vous revoir.
ich_mögen_würde Sie wiedersehen.

11|16 S: Oui, ce serait bien. Quand venez-vous?
Ja, das sein_würde gut. Wann kommen_Sie?

11|17 M: J'ai plusieurs rendez-vous vendredi. Si vous êtes libre dans la
Ich_habe mehrere Treffen Freitag. Falls Sie sind frei in dem

soirée, on pourrait dîner ensemble.
Abend, man könnte zu_Abend_essen zusammen.

11|18 S: Bonne idée. Dîner ensemble vendredi soir, ce serait très bien!
Gute Idee. Abendessen zusammen Freitag-‿ Abend, das wäre sehr gut!

11|19 M: Formidable. Je passe vous chercher à sept heures.
Toll. Ich vorbeikomme Sie abholen um sieben Uhr.

11|20 S: Oui, je serai là, Michel.
Ja, ich sein_werde da, Michel.

Französische Fassung

Chapitre Onze: Un coup de téléphone

11|01 M: Où est la carte de Sophie avec son numéro de téléphone? Ah … la voilà. Voyons un peu …
11|02 S: Allô?
11|03 M: Allô? Puis-je parler à Mademoiselle Grandpied, s'il vous plaît?
11|04 S: Excusez-moi, mais la ligne est mauvaise. Je n'ai pas compris …
11|05 M: Puis-je parler à Mademoiselle Grandpied, s'il vous plaît?
11|06 S: De la part de qui?
11|07 M: Michel Lebois.
11|08 S: Ah, c'est avec vous qu'elle a dîné l'autre soir?
11|09 M: Oui, c'est moi. Mais dites-moi – c'est vous, Sophie?
11|10 S: Oui, Michel, c'est moi.
11|11 M: Je ne vous avais pas reconnu tout de suite.
11|12 S: Je sais, notre téléphone n'est pas tout jeune.
11|13 M: Ça aurait pu être votre sœur …
11|14 S: … ou ma mère?
11|15 M: Écoutez: je dois aller à Lyon pour mon travail et j'aimerais vous revoir.
11|16 S: Oui, ce serait bien. Quand venez-vous?
11|17 M: J'ai plusieurs rendez-vous vendredi. Si vous êtes libre dans la soirée, on pourrait dîner ensemble.
11|18 S: Bonne idée. Dîner ensemble vendredi soir, ce serait très bien!
11|19 M: Formidable. Je passe vous chercher à sept heures.
11|20 S: Oui, je serai là, Michel.

Kapitel 12: Anweisungen

12|01 M: Ich habe Ihre Adresse vor mir. Ist das schwer zu finden?

12|02 S: Nein, überhaupt nicht. Es ist sogar sehr leicht. Es ist eine von Lyons Hauptstraßen. Wo haben Sie Ihre Treffen?

12|03 M: Im Hotel Régence.

12|04 S: Gut, das ist im Zentrum, in der Nähe des Bahnhofs. Also, Sie gehen aus dem Hotel heraus …

12|05 M: Verstanden.

12|06 S: Wenden Sie sich nach rechts, und nehmen Sie die erste Straße links. Das ist die Victor-Hugo-Straße.

12|07 M: Verstanden.

12|08 S: An der dritten Ampel wenden Sie sich nochmal nach links, und Sie sind in meiner Straße.

12|09 M: Das ist wirklich einfach.

12|10 S: Gehen Sie einen Kilometer geradeaus weiter. Da werden Sie ein großes Gebäude sehen, bevor Sie in dem Wohngebiet ankommen. Die Nummer 345 befindet sich neben der Shell-Tankstelle.

12|11 M: Auf der rechten oder linken Straßenseite?

12|12 S: Rechts. Die Einfahrt ist sofort nach der Ausfahrt der Tankstelle.

12|13 M: Verstanden. Das scheint mir relativ einfach.

12|14 S: Mein Auto wird in der Garage sein, Sie können in der Einfahrt parken.

12|15 M: Das ist nett. Also gut, bis Freitag, 7 Uhr. Auf Wiedersehen, Sophie.

12|16 S: Auf Wiedersehen, Michel.

Dekodierte Fassung

Chapitre Douze: Instructions
Kapitel Zwölf: Anweisungen

12|01 M: J'ai votre adresse sous les yeux. Est-ce difficile à trouver?
Ich_habe Ihre Adresse unter den Augen. Ist_es schwer zu finden?

12|02 S: Non, pas du tout. C'est même très facile. C'est l'une des
Nein, nicht überhaupt. Es_ist sogar sehr leicht. Es_ist die_eine von_den

rues principales de Lyon. Où est-ce que vous avez rendez-vous?
Hauptstraßen von Lyon. Wo ist_es dass Sie haben Treffen?

12|03 M: À l'Hôtel Régence.
In dem_Hotel Régence.

12|04 S: Bon, c'est dans le centre, près de la gare. Alors, vous
Gut, das_ist in dem Zentrum, nahe von dem Bahnhof. Also, Sie

sortez de l'hôtel …
herausgehen von dem_Hotel …

12|05 M: D’accord.
Verstanden.

12|06 S: Vous tournez à droite et vous prenez la première rue
Sie sich wenden nach rechts und Sie nehmen die erste Straße

à gauche. C’est la Rue Victor Hugo.
links. Das_ist die Straße Victor Hugo.

12|07 M: D’accord.
Verstanden.

12|08 S: Au troisième feu, vous tournez encore à gauche et
An_der dritten Ampel, Sie sich wenden nochmal nach links und

vous êtes dans ma rue.
Sie sind in meiner Straße.

12|09 M: C’est vraiment facile!
Das_ist wirklich einfach!

12|10 S: Vous continuez tout droit sur un kilomètre. Là, vous verrez
Sie weitergehen geradeaus auf einen Kilometer. Da, Sie sehen_werden

un grand immeuble avant d’arriver dans le quartier résidentiel.
ein großes Gebäude davor von_ankommen in dem Wohngebiet.

Le numéro 345 se trouve à côté de la station Shell.
Die Nummer 345 sich findet neben der Tankstelle Shell.

12|11 M: À droite ou à gauche de la rue?
Rechts oder links von der Straße?

12|12 S: À droite. L’entrée est tout de suite après la sortie de la station-service.
Rechts. Die_Einfahrt ist sofort nach der Ausfahrt von der Tankstelle.

12|13 M: D’accord. Ça me paraît relativement simple.
Verstanden. Das mir scheint relativ einfach.

12|14 S: Ma voiture sera dans le garage, vous pourrez vous
Mein Auto sein_wird in der Garage, Sie können_werden sich

garer dans l’entrée.
parken in der_Einfahrt.

12|15 M: C’est gentil. Bon alors, à vendredi, 7 heures. Au revoir, Sophie.
Das_ist nett. Gut also, bis Freitag, 7 Uhr. Auf_das Wiedersehen, Sophie.

12|16 S: Au revoir, Michel.
Auf_das Wiedersehen, Michel.

Chapitre Douze: Instructions

12|01 M: J'ai votre adresse sous les yeux. Est-ce difficile à trouver?

12|02 S: Non, pas du tout. C'est même très facile. C'est l'une des rues principales de Lyon. Où est-ce que vous avez rendez-vous?

12|03 M: À l'Hôtel Régence.

12|04 S: Bon, c'est dans le centre, près de la gare. Alors, vous sortez de l'hôtel …

12|05 M: D'accord.

12|06 S: Vous tournez à droite et vous prenez la première rue à gauche. C'est la Rue Victor Hugo.

12|07 M: D'accord.

12|08 S: Au troisième feu, vous tournez encore à gauche et vous êtes dans ma rue.

12|09 M: C'est vraiment facile!

12|10 S: Vous continuez tout droit sur un kilomètre. Là, vous verrez un grand immeuble avant d'arriver dans le quartier résidentiel. Le numéro 345 se trouve à côté de la station Shell.

12|11 M: À droite ou à gauche de la rue?

12|12 S: À droite. L'entrée est tout de suite après la sortie de la station-service.

12|13 M: D'accord. Ça me paraît relativement simple.

12|14 S: Ma voiture sera dans le garage, vous pourrez vous garer dans l'entrée.

12|15 M: C'est gentil. Bon alors, à vendredi, 7 heures. Au revoir, Sophie.

12|16 S: Au revoir, Michel.

Kapitel 13: Haben Sie Hunger?

13|01 M: Guten Tag, Sophie.

13|02 S: Guten Tag, Michel. Treten Sie bitte ein.

13|03 M: Danke.

13|04 S: Genau 7 Uhr! Kompliment für Ihre Pünktlichkeit.

13|05 M: Ich bin gerne pünktlich.

13|06 S: Setzen Sie sich.

13|07 M: Danke. Hm, schöne Wohnung.

13|08 S: Danke. Was kann ich Ihnen anbieten?

13|09 M: Hängt alles von Ihrem Appetit ab und von der Zeit, die wir hierbleiben.

13|10 S: Und Sie, haben Sie großen Hunger?

13|11 M: Sagen wir so: Ich hatte keine Zeit zum Mittagessen. Ich hatte mein erstes Treffen sofort nach dem Frühstück, und es war ein bisschen länger als vorgesehen, weshalb ich nicht zu Mittag essen konnte. Kaum hatte ich die Zentrale in Deutschland angerufen, war schon der zweite Kunde da.

13|12 S: Aber dann müssen Sie am Verhungern sein! Gehen wir sofort los. Wohin gehen wir?

13|13 M: Neulich sagten Sie, dass Sie die italienische und die chinesische Küche mögen. Gehen wir heute Abend in ein chinesisches Restaurant?

13|14 S: Gern. Ich mag diese Kräcker sehr.

13|15 M: Wussten Sie, dass die aus Fisch sind?

13|16 S: Wirklich? Nein, das wusste ich nicht …

Dekodierte Fassung

Chapitre Treize: Avez-vous faim?
Kapitel Dreizehn: Haben_Sie Hunger?

13|01 M: Bonjour, Sophie.
Guten_Tag, Sophie.

13|02 S: Bonjour, Michel. Entrez, je vous en prie.
Guten_Tag, Michel. Eintreten Sie, ich Sie darum bitte.

13|03 M: Merci.
Danke.

13|04 S: 7 heures pile! Bravo pour la ponctualité!
7 Uhr genau! Bravo für die Pünktlichkeit!

13|05 M: J'aime bien être à l'heure.
Ich_mag sein pünktlich.

13|06 S: Asseyez-vous.
Setzen_Sie_sich.

13|07 M: Merci. Hm, bel appartement.
Danke. Hm, schöne Wohnung.

13|08 S: Merci. Que puis-je vous offrir?
Danke. Was kann_ich Ihnen anbieten?

13|09 M: Tout dépend de votre appétit et du temps qu'on reste.
Alles abhängt von Ihrem Appetit und von_der Zeit die_man bleibt.

13|10 S: Et vous, est-ce que vous avez très faim?
Und Sie, ist_es dass Sie haben sehr Hunger?

13|11 M: Disons que je n'ai pas eu le temps de
Sagen wir dass ich nicht_habe nicht gehabt die Zeit von

déjeuner. J'ai eu mon premier rendez-vous tout de suite
zu_Mittag_essen. Ich_habe gehabt mein erstes Treffen sofort

après le petit-déjeuner et il a été un peu plus long
nach dem Frühstück und es hat gewesen ein bisschen mehr lang

que prévu, ce qui fait que je n'ai pas pu
als vorgesehen, weshalb ich nicht_habe nicht gekonnt

déjeuner. Le temps que j'appelle le siège en Allemagne
zu_Mittag_essen. Kaum dass ich_anrufe die Zentrale in Deutschland

et le second client était déjà là.
und der zweite Kunde war schon da.

13|12 S: Mais alors vous devez mourir de faim! On part tout de suite.
Aber dann Sie müssen sterben von Hunger! Man losgeht sofort.

Où allons-nous?
Wohin gehen_wir?

13|13 M: L'autre jour, vous disiez que vous aimez la cuisine italienne et
Neulich, Sie sagten dass Sie mögen die Küche italienische und

la cuisine chinoise. Si nous allions au restaurant chinois
die Küche chinesische. Ob wir gingen in_das Restaurant chinesische

ce soir?
heute_Abend?

13|14 S: Volontiers. J'adore leurs crackers.
Gern. Ich_sehr_mag ihre Kräcker.

13|15 M: Saviez-vous qu'ils sont à base de poisson?
Wussten_Sie dass_sie sind aus Fisch?

13|16 S: Ah bon? Non, je l'ignorais …
Wirklich? Nein, ich es_nicht_wusste …

Chapitre Treize: Avez-vous faim?

13|01 M: Bonjour, Sophie.

13|02 S: Bonjour, Michel. Entrez, je vous en prie.

13|03 M: Merci.

13|04 S: 7 heures pile! Bravo pour la ponctualité!

13|05 M: J'aime bien être à l'heure.

13|06 S: Asseyez-vous.

13|07 M: Merci. Hm, bel appartement.

13|08 S: Merci. Que puis-je vous offrir?

13|09 M: Tout dépend de votre appétit et du temps qu'on reste.

13|10 S: Et vous, est-ce que vous avez très faim?

13|11 M: Disons que je n'ai pas eu le temps de déjeuner. J'ai eu mon premier rendez-vous tout de suite après le petit-déjeuner et il a été un peu plus long que prévu, ce qui fait que je n'ai pas pu déjeuner. Le temps que j'appelle le siège en Allemagne et le second client était déjà là.

13|12 S: Mais alors vous devez mourir de faim! On part tout de suite. Où allons-nous?

13|13 M: L'autre jour, vous disiez que vous aimez la cuisine italienne et la cuisine chinoise. Si nous allions au restaurant chinois ce soir?

13|14 S: Volontiers. J'adore leurs crackers.

13|15 M: Saviez-vous qu'ils sont à base de poisson?

13|16 S: Ah bon? Non, je l'ignorais …

Kapitel 14: Ein Glas Bier

14|01 S: Ich sehe, was Sie sagen wollen … Warten Sie, ich mache das Licht an … Treten Sie ein, Michel.

14|02 M: Hm, Verzeihung, Sophie, wo bitte ist die Toilette?

14|03 S: Da, die Tür links.

14|04 M: Danke.

14|05 S: Hallo … Ah, guten Tag, Marc … Ja, deine Mutter hat es mir gesagt … Setzen Sie sich, bitte … Wie bitte? Nein, ich habe Besuch. Ein Freund, der gerade hereinkam … Ja … Sehr gut, wir sehen uns dann am Sonntag. Umarm deine Mutter von mir, okay? … Einverstanden … Ciao, Marc … Das war mein Neffe Marc … Übrigens, was möchten Sie jetzt trinken?

14|06 M: Nach all diesem Jasmintee wäre ein Bier nicht schlecht. Haben Sie eines?

14|07 S: Aber natürlich. Wollen Sie es sehr kalt?

14|08 M: Nein, schon kühl, aber nicht eiskalt.

14|09 S: Dann nehme ich es aus der Speisekammer.

14|10 M: Warten Sie, ich helfe Ihnen … Ah, das tut gut.

14|11 S: Bedienen Sie sich doch, Michel.

14|12 M: Wenn man bedenkt, dass wir vor kaum zwei Stunden zu Abend gegessen haben …

14|13 S: Wissen Sie, ich mag die chinesische Küche, aber ich gebe zu, dass ich danach immer wieder schneller Hunger habe als nach Kartoffeln, Spaghetti oder Nahrungsmitteln, die mehr für den Körper enthalten.

14|14 M: Das stimmt.

Dekodierte Fassung

Chapitre Quatorze: Un verre de bière
Kapitel Vierzehn: Ein Glas von Bier

14|01 S: Je vois ce que vous voulez dire … Attendez,
Ich sehe das was Sie wollen sagen … Warten Sie,

j'allume … Entrez, Michel.
ich_das_Licht_anmache … Eintreten Sie, Michel.

14|02 M: Heu, pardon, Sophie, les toilettes, s'il vous plaît?
Hm, Verzeihung, Sophie, die Toiletten, bitte?

14|03 S: C'est là, la porte à gauche.
Das_ist da, die Tür links.

14|04 M: Merci.
Danke.

14|05 S: Allô? … Ah, bonjour Marc … Oui, ta mère me l'a
Hallo? … Ah, guten_Tag Marc … Ja, deine Mutter mir es_hat

dit … Asseyez-vous, je vous en prie … Pardon? Non,
gesagt … Setzen_Sie_sich, ich Sie darum bitte … Wie_bitte? Nein,

j'ai de la visite. Un ami qui vient d'arriver …
ich_habe von dem Besuch. Ein Freund der kommt von_ankommen[12] …

Oui … Très bien, on se verra dimanche alors. Tu embrasses
Ja … Sehr gut, man sich sehen_wird Sonntag dann. Du umarmst

ta mère de ma part, hein? … D'accord … Salut, Marc …
deine Mutter von_mir, okay? … Einverstanden … Ciao, Marc …

C'était Marc, mon neveu … Voyons, qu'est-ce que vous
Das_war Marc, mein Neffe … Sehen wir, was_ist_es das Sie

prendrez maintenant?
nehmen_werden jetzt?

14|06 M: Après tout ce thé au jasmin, une bière ne ferait
Nach all diesem Tee mit_dem Jasmin, ein Bier nicht machen_würde

pas de mal. Vous en avez?
nicht von Schlechtem. Sie davon haben?

14|07 S: Mais bien sûr. Vous la voulez très froide?
Aber natürlich. Sie es wollen sehr kalt?

14|08 M: Non, bien fraîche mais pas glacée.
Nein, gut kühl aber nicht eiskalt.

14|09 S: Alors, je vais la prendre au garde-manger.
Dann, ich gehe zu es nehmen in_der Speisekammer.

14|10 M: Attendez, je vais vous aider … Ah, ça fait du bien!
Warten Sie, ich gehe zu Ihnen helfen … Ah, das macht von_dem Guten!

14|11 S: Servez-vous, hein, Michel.
Bedienen_Sie_sich, doch, Michel.

14|12 M: Quand on pense qu'on vient de dîner, il y a deux heures
Wenn man denkt dass_man kommt von abendessen, vor zwei Stunden

à peine …
kaum …

14|13 S: Vous savez, j'aime bien la cuisine chinoise, mais j'avoue
Sie wissen, ich_mag die Küche chinesische, aber ich_zugebe

---

12 Anstatt „ich habe gerade gesehen", „du bist gerade gegangen", „er ist gerade angekommen" sagt man im Französischen „ich komme von sehen", „du kommst von gehen", „er kommt von ankommen".

qu’après,	j’ai	toujours	faim,	en tout cas	plus	rapidement
dass_danach,	**ich_habe**	**immer**	**Hunger,**	**wieder**	**mehr**	**schnell**

qu’après	des	pommes de terre,	des	spaghetti	ou	des
als_nach	**von_den**	**Kartoffeln,**	**von_den**	**Spaghetti**	**oder**	**von_den**

aliments	qui	tiennent	davantage	au	corps.
Nahrungsmitteln	**die**	**enthalten**	**mehr**	**für_den**	**Körper.**

14|14 M:

Ça,	c’est	vrai.
Das,	**das_ist**	**wahr.**

Französische Fassung

Chapitre Quatorze: Un verre de bière

14|01 S: Je vois ce que vous voulez dire … Attendez, j’allume … Entrez, Michel.

14|02 M: Heu, pardon, Sophie, les toilettes, s’il vous plaît?

14|03 S: C’est là, la porte à gauche.

14|04 M: Merci.

14|05 S: Allô? … Ah, bonjour Marc … Oui, ta mère me l’a dit … Asseyez-vous, je vous en prie … Pardon? Non, j’ai de la visite. Un ami qui vient d’arriver … Oui … Très bien, on se verra dimanche alors. Tu embrasses ta mère de ma part, hein? … D’accord … Salut, Marc … C’était Marc, mon neveu … Voyons, qu’est-ce que vous prendrez maintenant?

14|06 M: Après tout ce thé au jasmin, une bière ne ferait pas de mal. Vous en avez?

14|07 S: Mais bien sûr. Vous la voulez très froide?

14|08 M: Non, bien fraîche mais pas glacée.

14|09 S: Alors, je vais la prendre au garde-manger.

14|10 M: Attendez, je vais vous aider … Ah, ça fait du bien!

14|11 S: Servez-vous, hein, Michel.

14|12 M: Quand on pense qu’on vient de dîner, il y a deux heures à peine …

14|13 S: Vous savez, j’aime bien la cuisine chinoise, mais j’avoue qu’après, j’ai toujours faim, en tout cas plus rapidement qu’après des pommes de terre, des spaghetti ou des aliments qui tiennent davantage au corps.

14|14 M: Ça, c’est vrai.

Kapitel 15: Multiplikation (Anfang)

15|01 M: Ihr Neffe, der gerade angerufen hat … wie alt ist er?

15|02 S: Marc? Er ist acht Jahre alt.

15|03 M: Mag er die Schule?

15|04 S: Nein. Vor allem Mathematik! Zurzeit sind sie gerade beim Einmaleins, und er hasst es! Und sie sind dabei erst am Anfang …

15|05 M: Wissen Sie, dass man alle Multiplikationen des Neunereinmaleins mit seinen zehn Fingern lösen kann?

15|06 S: Ich weiß, dass man mit seinen zehn Fingern bis zehn zählen kann, aber das Neunereinmaleins geht bis neunzig! Wie kann das gehen?

15|07 M: Das ist einfach. Ich werde es Ihnen zeigen. Legen Sie Ihre Hände flach auf den Tisch … so.

15|08 S: Verstanden.

15|09 M: Nehmen wir an, dass sie wissen wollen, was drei mal neun ist. Zählen Sie, und beginnen Sie dabei links: kleiner Finger, Ringfinger, Mittelfinger: das macht eins, zwei, drei …

15|10 S: Eins, zwei, drei … und dann?

15|11 M: Biegen Sie den dritten Finger unter Ihre Hand …

15|12 S: Das ist nicht leicht … So eine Fingergymnastik!

15|13 M: Sie sind es nicht gewohnt, das ist alles.

15|14 S: Stimmt. Gut, der Mittelfinger ist umgebogen …

15|15 M: Also, zählen Sie jetzt die gestreckten Finger. Wie viele sind links von dem umgebogenen Finger?

15|16 S: Der kleine Finger und der Ringfinger: zwei.

15|17 M: Genau. Und wie viele sind jetzt rechts von dem umgebogenen Finger?

15|18 S: Der linke Zeigefinger, der linke Daumen …

15|19 M: Machen Sie mit der rechten Hand weiter!

15|20 S: Der rechte Daumen, der Zeigefinger, der Mittelfinger, der Ringfinger und der kleine Finger.

15|21 M: Sehr gut. Also, wie viele sind das insgesamt?

15|22 S: Sieben!

15|23 M: Also, kapiert?

15|24 S: Nein … Ah doch! Toll! Zwei Finger sind vor dem umgebogenen und sieben auf der anderen Seite: siebenundzwanzig! Drei mal neun ist siebenundzwanzig.

Dekodierte Fassung

Chapitre Quinze: Multiplication (début)
Kapitel Fünfzehn: Multiplikation (Anfang)

15|01 M: Votre neveu qui vient d'appeler … quel âge a-t-il?
Ihr Neffe der kommt von_anrufen … welches Alter hat_er?

15|02 S: Marc? Il a huit ans.
Marc? Er hat acht Jahre.

15|03 M: Il aime l'école?
Er mag die_Schule?

15|04 S: Non. Surtout pas les maths! En ce moment, ils en sont à
Nein. Vor_allem nicht die Mathematik! Zurzeit, sie dabei sind bei

la table de multiplication et il déteste ça! Et ils n'en sont
dem Einmaleins und er hasst das! Und sie nicht_dabei sind

qu'au début …
anderswo als_an_dem Anfang …

15|05 M: Savez-vous qu'on peut résoudre toutes les multiplications de la
Wissen_Sie dass_man kann lösen all die Multiplikationen von dem

table de neuf sur ses dix doigts?
Neunereinmaleins auf seinen zehn Fingern?

15|06 S: Je sais qu'on peut compter jusqu'à dix sur ses dix
Ich weiß dass_man kann zählen bis_zu der Zehn auf seinen zehn

doigts mais la table de neuf va jusqu'à quatre-vingt-dix!
Fingern aber das Neunereinmaleins geht bis_zu der Neunzig!

Comment ça peut marcher?
Wie das kann gehen?

15|07 M: C'est simple. Je vais vous montrer. Posez vos mains
Das_ist einfach. Ich gehe zu Ihnen zeigen. Legen Sie Ihre Hände

à plat sur la table … comme ça.
flach auf den Tisch … so.

15|08 S: D'accord.
Verstanden.

15|09 M: Supposons que vous voulez savoir ce que font trois fois
Annehmen wir dass Sie wollen wissen das was machen drei mal

neuf. Vous comptez en commençant à gauche: auriculaire,
neun. Sie zählen da‿ bei beginnend links: kleiner_Finger,

annulaire, majeur, cela fait un, deux, trois …
Ringfinger, Mittelfinger, das macht eins, zwei, drei …

15|10 S: Un, deux, trois … et après?
Eins, zwei, drei … und dann?

15|11 M: Vous repliez le troisième doigt sous votre main …
Sie umbiegen den dritten Finger unter Ihre Hand …

15|12 S: Ce n'est pas facile … Quelle gymnastique pour les doigts!
Das nicht_ist nicht leicht … Welche Gymnastik für die Finger!

15|13 M: C’est que vous n’êtes pas habituée, c’est tout.
Es_ist dass Sie es nicht_sind nicht gewohnt, das_ist alles.

15|14 S: C’est vrai. Bon, le majeur est replié …
Das_ist wahr. Gut, der Mittelfinger ist umgebogen …

15|15 M: Alors maintenant, comptez les doigts tendus. Combien y
Also jetzt, zählen Sie die Finger gestreckten. Wie_viele da

en a-t-il à gauche du doigt replié?
davon hat_es links von_dem Finger umgebogenen?

15|16 S: L’auriculaire et l’annulaire: deux.
Der_kleine_Finger und der_Ringfinger: zwei.

15|17 M: Exact. Et maintenant, combien y en a-t-il à droite du
Genau. Und jetzt, wie_viele da davon hat_es rechts von_dem

doigt replié?
Finger umgebogenen?

15|18 S: L’index gauche, le pouce gauche …
Der_Zeigefinger linke, der Daumen linke …

15|19 M: Continuez avec la main droite!
Weitermachen Sie mit der Hand rechten!

15|20 S: Le pouce droit, l’index, le majeur, l’annulaire
Der Daumen rechte, der_Zeigefinger, der Mittelfinger, der_Ringfinger

et l’auriculaire.
und der_kleine_Finger.

15|21 M: Très bien. Alors, ça fait combien en tout?
Sehr gut. Also, das macht wie_viele insgesamt?

15|22 S: Sept!
Sieben!

15|23 M: Alors, pigé?
Also, kapiert?

15|24 S: Non … Ah si! Formidable! Ça fait deux avant le doigt
Nein … Ah doch! Toll! Das macht zwei vor dem Finger

replié et sept de l’autre côté: vingt-sept! Trois
umgebogenen und sieben von der_anderen Seite: zwanzig_sieben! Drei

fois neuf: vingt-sept.
mal neun: zwanzig_sieben.

Chapitre Quinze: Multiplication (début)

15|01 M: Votre neveu qui vient d'appeler … quel âge a-t-il?

15|02 S: Marc? Il a huit ans.

15|03 M: Il aime l'école?

15|04 S: Non. Surtout pas les maths! En ce moment, ils en sont à la table de multiplication et il déteste ça! Et ils n'en sont qu'au début …

15|05 M: Savez-vous qu'on peut résoudre toutes les multiplications de la table de neuf sur ses dix doigts?

15|06 S: Je sais qu'on peut compter jusqu'à dix sur ses dix doigts mais la table de neuf va jusqu'à quatre-vingt-dix! Comment ça peut marcher?

15|07 M: C'est simple. Je vais vous montrer. Posez vos mains à plat sur la table … comme ça.

15|08 S: D'accord.

15|09 M: Supposons que vous voulez savoir ce que font trois fois neuf. Vous comptez en commençant à gauche: auriculaire, annulaire, majeur, cela fait un, deux, trois …

15|10 S: Un, deux, trois … et après?

15|11 M: Vous repliez le troisième doigt sous votre main …

15|12 S: Ce n'est pas facile … Quelle gymnastique pour les doigts!

15|13 M: C'est que vous n'êtes pas habituée, c'est tout.

15|14 S: C'est vrai. Bon, le majeur est replié …

15|15 M: Alors maintenant, comptez les doigts tendus. Combien y en a-t-il à gauche du doigt replié?

15|16 S: L'auriculaire et l'annulaire: deux.

15|17 M: Exact. Et maintenant, combien y en a-t-il à droite du doigt replié?

15|18 S: L'index gauche, le pouce gauche …

15|19 M: Continuez avec la main droite!

15|20 S: Le pouce droit, l'index, le majeur, l'annulaire et l'auriculaire.

15|21 M: Très bien. Alors, ça fait combien en tout?

15|22 S: Sept!

15|23 M: Alors, pigé?

15|24 S: Non … Ah si! Formidable! Ça fait deux avant le doigt replié et sept de l'autre côté: vingt-sept! Trois fois neuf: vingt-sept.

Kapitel 16: Multiplikation (Ende)

16|01 S: Machen wir noch eine?

16|02 M: Versuchen Sie sechs mal neun!

16|03 S: Verstanden. Ich beginne also mit dem linken kleinen Finger. Eins, zwei, drei, vier, fünf, sechs. Der letzte Finger wird umgebogen. Und jetzt zählen wir. Ich habe fünf Finger vor dem umgebogenen rechten Daumen und vier auf der anderen Seite.

16|04 M: Das macht vierundfünfzig. Sechs mal neun ist vierundfünfzig!

16|05 S: Geradezu genial! Auf geht's, noch eine Rechnung. Neun mal neun.

16|06 M: Wir beginnen also mit dem linken kleinen Finger … Eins, zwei, drei, vier, fünf, sechs, sieben, acht, neun …

16|07 S: Neun ist der rechte Ringfinger. Ich biege ihn um …

16|08 M: Ergebnis: acht Finger links und einer rechts von dem umgebogenen Ringfinger. Also neun mal neun ist …

16|09 S: … einundachtzig. Oh, Marc wird das toll finden! Ich werde es ihm am Sonntag zeigen.

16|10 M: Alle Kinder finden das toll. Und sobald Sie es ihm gezeigt haben, wird er es auch all seinen Freunden zeigen wollen und allen, die sich gerne dem Spielen hingeben wollen. Und das lässt ihn ständig das Neunereinmaleins wiederholen …

16|11 S: … und er hat bei allem Spaß. Weil es nicht wie in der Schule ist. Es ist ein Spiel!

16|12 M: Wie schade, dass Schulen diese Art von Spielen nicht benutzen. Wenn sie es täten, hätten Kinder nie einen Horror vor Mathematik …

16|13 S: … weder vor Mathematik noch vor einem anderen Schulfach. Bei mir ist es die Grammatik, die ich in der Schule hasste. Kennen Sie auch ein Spiel für Grammatik?

16|14 M: Natürlich.

Dekodierte Fassung

Chapitre Seize: Multiplication (fin)
Kapitel Sechzehn: Multiplikation (Ende)

16|01 S: On en refait une?
Man davon nochmal_macht eine?

16|02 M: Essayez six fois neuf!
Versuchen Sie sechs mal neun!

16|03 S: D'accord. Je commence donc par l'auriculaire gauche. Un,
Verstanden. Ich beginne also mit dem_kleinen_Finger linken. Eins,

deux, trois, quatre, cinq, six. On replie le dernier doigt. Et
zwei, drei, vier, fünf, sechs. Man umbiegt den letzten Finger. Und

maintenant, on compte. J'ai cinq doigts avant le pouce
jetzt, man zählt. Ich_habe fünf Finger vor dem Daumen

droit replié et quatre de l'autre côté.
rechten umgebogenen und vier von der_anderen Seite.

16|04 M: Ça fait cinquante-quatre. Six fois neuf: cinquante-quatre.
Das macht fünfzig_vier. Sechs mal neun: fünfzig_vier.

16|05 S: Carrément génial! Allez, encore une opération. Neuf fois neuf.
Geradezu genial! Gehen Sie, noch eine Rechnung. Neun mal neun.

16|06 M: On commence donc par l'auriculaire gauche … Un, deux,
Man beginnt also mit dem_kleinen_Finger linken … Eins, zwei,

trois, quatre, cinq, six, sept, huit, neuf …
drei, vier, fünf, sechs, sieben, acht, neun …

16|07 S: Neuf, c'est l'annulaire droit. Je le replie …
Neun, das_ist der_Ringfinger rechte. Ich ihn umbiege …

16|08 M: Le résultat: huit doigts à gauche et un seul à droite de
Das Ergebnis: acht Finger links und ein einziger rechts von

l'annulaire replié. Alors: neuf fois neuf font …
dem_Ringfinger umgebogenen. Also: neun mal neun machen …

16|09 S: … quatre-vingt-un. Oh, Marc va trouver ça formidable! Je lui
… achtzig_eins. Oh, Marc geht zu finden das toll! Ich ihm

montrerai dimanche.
zeigen_werde Sonntag.

16|10 M: Tous les enfants trouvent ça formidable! Et une fois que vous lui
All die Kinder finden das toll! Und sobald dass Sie ihm

aurez montré, lui aussi voudra le montrer à tous ses
haben_werden gezeigt, er auch wollen_wird es zeigen zu all seinen

amis. À tous ceux qui voudront bien se prêter au
Freunden. Zu all denen die wollen_werden sich hingeben zu_dem

jeu. Et cela lui fera réviser sans cesse sa
Spiel. Und das ihn machen_wird wiederholen ständig sein

table de neuf …
Neunereinmaleins …

16|11 S: … tout en s'amusant. Parce que ce n'est pas comme
… alles da‿ bei sich_vergnügend. Weil dass das nicht_ist nicht wie

à l'école. C'est un jeu!
in der_Schule. Es_ist ein Spiel!

16|12 M: Quel dommage que les écoles n'utilisent pas ce genre de
Wie_schade dass die Schulen nicht_benutzen nicht diese Art von

jeux! Si elles le faisaient, les enfants ne prendraient jamais
Spielen! Falls sie es täten, die Kinder nicht nehmen_würden nie

les maths en horreur …
die Mathematik als Horror …

16|13 S: … les maths ni aucune autre matière. Moi, c'est
… weder die Mathematik noch kein anderes Schulfach. Ich, es_ist

la grammaire que je détestais à l'école. Vous connaissez aussi
die Grammatik die ich hasste in der_Schule. Sie kennen auch

un jeu pour la grammaire?
ein Spiel für die Grammatik?

16|14 M: Bien sûr.
Natürlich.

Französische Fassung

Chapitre Seize: Multiplication (fin)

16|01 S: On en refait une?

16|02 M: Essayez six fois neuf!

16|03 S: D'accord. Je commence donc par l'auriculaire gauche. Un, deux, trois, quatre, cinq, six. On replie le dernier doigt. Et maintenant, on compte. J'ai cinq doigts avant le pouce droit replié et quatre de l'autre côté.

16|04 M: Ça fait cinquante-quatre. Six fois neuf: cinquante-quatre.

16|05 S: Carrément génial! Allez, encore une opération. Neuf fois neuf.

16|06 M: On commence donc par l'auriculaire gauche … Un, deux, trois, quatre, cinq, six, sept, huit, neuf …

16|07 S: Neuf, c'est l'annulaire droit. Je le replie …

16|08 M: Le résultat: huit doigts à gauche et un seul à droite de l'annulaire replié. Alors: neuf fois neuf font …

16|09 S: … quatre-vingt-un. Oh, Marc va trouver ça formidable! Je lui montrerai dimanche.

16|10 M: Tous les enfants trouvent ça formidable! Et une fois que vous lui aurez montré, lui aussi voudra le montrer à tous ses amis. À tous ceux qui voudront bien se prêter au jeu. Et cela lui fera réviser sans cesse sa table de neuf …

16|11 S: … tout en s'amusant. Parce que ce n'est pas comme à l'école. C'est un jeu!

16|12 M: Quel dommage que les écoles n'utilisent pas ce genre de jeux! Si elles le faisaient, les enfants ne prendraient jamais les maths en horreur …

16|13 S: … les maths ni aucune autre matière. Moi, c'est la grammaire que je détestais à l'école. Vous connaissez aussi un jeu pour la grammaire?

16|14 M: Bien sûr.

Kapitel 17: Ein Grammatikspiel

17|01 M: Nehmen wir an, dass Sie den Gebrauch der verschiedenen Wortarten lernen müssen, also der Substantive, Verben, Adverbien …

17|02 S: Oje oje! Aber das ist wie in der Schule! Ich hasste Grammatik!

17|03 M: Als ich klein war, brachte mich meine Mutter dazu, ein Spiel mit ihr zu spielen, das ermöglicht, die Grammatik gut zu lernen, ohne die Regeln kennen zu müssen. Ich werde es Ihnen zeigen. Nehmen wir zum Beispiel Substantive.

17|04 S: Ich gebe zu, dass ich Mühe habe, mir vorzustellen, dass Substantive Spaß machen können.

17|05 M: Sie werden sehen. Es geht um das Erfinden von Sätzen, die eine kleine Geschichte erzählen. Ich gebe Ihnen alle anderen Worte, und Sie geben mir die Substantive … Schauen wir mal … Fertig. Sind Sie bereit?

17|06 S: Wir werden sehen. Auf geht's.

17|07 M: Gestern Morgen ging ein … jetzt sind Sie dran.

17|08 S: Ah ja, Entschuldigung, hm … Gestern Morgen ging ein Mann …

17|09 M: … in ein …

17|10 S: … Geschäft …

17|11 M: … weil er …

17|12 S: … Bücher …

17|13 M: … kaufen wollte und …

17|14 S: … Ansichtskarten …

17|15 M: … Plötzlich sah er eine niedliche kleine …

17|16 S: … Katze …

17|17 M: … die sich versteckt hatte zwischen den …

17|18 S: … Regalen …

17|19 M: … des …

17|20 S: … Geschäfts. Ach so, ich habe verstanden. Das ist eine Methode in Form eines kreativen Spiels, die Kinder mit den verschiedenen Elementen eines Satzes vertraut macht.

17|21 M: Ich hatte in der Schule nie Schwierigkeiten mit Grammatik, und ich bin sicher, dass dies zum Teil von diesem Spiel kommt. Ich habe es sehr gerne gespielt und meine Freunde auch. Wir haben Stunden damit verbracht, Geschichten dieser Art zu erfinden, und es war eigentlich eine gute Übung für spätere Klassenarbeiten.

Dekodierte Fassung

Chapitre Dix-sept: Un jeu de grammaire
Kapitel Siebzehn: Ein Spiel von Grammatik

17|01 M: Supposons que vous deviez apprendre à utiliser les
Annehmen wir dass Sie müssten lernen zu gebrauchen die

différentes catégories de mots, tels que les substantifs, les verbes,
verschiedenen Wortarten, solche wie die Substantive, die Verben,

les adverbes …
die Adverbien …

17|02 S: Oh là là! Mais c'est comme à l'école! Moi, qui détestait la grammaire!
Oje_oje! Aber das_ist wie in der_Schule! Ich, die hasste die Grammatik!

17|03 M: Quand j'étais petit, ma mère me faisait jouer avec elle à
Als ich_war klein, meine Mutter mich machte spielen mit ihr zu

un jeu qui permet de bien apprendre la grammaire sans
einem Spiel das ermöglicht von gut lernen die Grammatik ohne

devoir connaître les règles. Je vais vous montrer. Prenons
müssen kennen die Regeln. Ich gehe zu Ihnen zeigen. Nehmen wir

les substantifs, par exemple.
die Substantive, zu Beispiel.

17|04 S: J'avoue que j'ai du mal à imaginer que
Ich_zugebe dass ich_habe von_der Mühe zu mir vorstellen dass

des substantifs puissent être amusants.
von_den Substantiven können sein vergnüglich.

17|05 M: Vous allez voir. Il s'agit d'inventer des phrases qui
Sie gehen zu sehen. Es sich_handelt von_erfinden von_den Sätzen die

racontent une petite histoire. Je vous donne tous les autres
erzählen eine kleine Geschichte. Ich Ihnen gebe all die anderen

mots et vous, vous me donnez les substantifs … Voyons un
Worte und Sie, Sie mir geben die Substantive … Sehen wir ein

peu … Ça y est. Vous êtes prête?
bisschen … Fertig. Sie sind bereit?

17|06 S: On verra. Allez-y.
Man sehen_wird. Gehen_Sie_dahin.

17|07 M: Hier matin, un … à vous maintenant!
Gestern Morgen, ein … zu Ihnen jetzt!

17|08 S: Ah oui, pardon, euh … Hier matin, un homme …
Ah ja, Entschuldigung, hm … Gestern Morgen, ein Mann …

17|09 M: … est allé au …
… ist gegangen in_das …

17|10 S: … magasin …
… Geschäft …

17|11 M: … parce qu'il voulait acheter des …
… weil dass_er wollte kaufen von_den …

17|12 S: … livres …
… Büchern …

17|13 M: … et des …
… und von_den …

17|14 S: … cartes postales …
… Ansichtskarten …

17|15 M: … Soudain, il a vu un mignon petit …
… Plötzlich, er hat gesehen eine niedliche kleine …

17|16 S: … chat …
… Katze …

17|17 M: … qui s'était caché entre les …
… die sich_hatte versteckt zwischen den …

17|18 S: … rayons …
… Regalen …

17|19 M: … du …
… von_dem …

17|20 S: … magasin. Ça y est, j'ai compris. C'est une méthode qui
… Geschäft. Ach_so, ich_habe verstanden. Das_ist eine Methode die

familiarise les enfants avec les différents éléments de la
vertraut_macht die Kinder mit den verschiedenen Elementen von dem

phrase sous la forme d'un jeu créatif.
Satz in_Form von_einem Spiel kreativen.

17|21 M: Je n'ai jamais eu de difficultés à l'école en
Ich nicht_habe niemals gehabt von Schwierigkeiten in der_Schule in

grammaire, et je suis certain que c'est en partie grâce à ce
Grammatik, und ich bin sicher dass es_ist zum_Teil dank zu diesem

jeu. J'adorais y jouer et mes amis aussi. Nous
Spiel. Ich_sehr_mochte damit spielen und meine Freunde auch. Wir

avons passé des heures à inventer des histoires de
haben verbracht von_den Stunden zu erfinden von_den Geschichten von

ce genre et c'était en fait un bon entraînement pour les
dieser Art und es_war eigentlich eine gute Übung für die

devoirs sur table, plus tard.
Klassenarbeiten, mehr spät.

Chapitre Dix-sept: Un jeu de grammaire

17|01 M: Supposons que vous deviez apprendre à utiliser les différentes catégories de mots, tels que les substantifs, les verbes, les adverbes …

17|02 S: Oh là là! Mais c'est comme à l'école! Moi, qui détestait la grammaire!

17|03 M: Quand j'étais petit, ma mère me faisait jouer avec elle à un jeu qui permet de bien apprendre la grammaire sans devoir connaître les règles. Je vais vous montrer. Prenons les substantifs, par exemple.

17|04 S: J'avoue que j'ai du mal à imaginer que des substantifs puissent être amusants.

17|05 M: Vous allez voir. Il s'agit d'inventer des phrases qui racontent une petite histoire. Je vous donne tous les autres mots et vous, vous me donnez les substantifs … Voyons un peu … Ça y est. Vous êtes prête?

17|06 S: On verra. Allez-y.

17|07 M: Hier matin, un … à vous maintenant!

17|08 S: Ah oui, pardon, euh … Hier matin, un homme …

17|09 M: … est allé au …

17|10 S: … magasin …

17|11 M: … parce qu'il voulait acheter des …

17|12 S: … livres …

17|13 M: … et des …

17|14 S: … cartes postales …

17|15 M: … Soudain, il a vu un mignon petit …

17|16 S: … chat …

17|17 M: … qui s'était caché entre les …

17|18 S: … rayons …

17|19 M: … du …

17|20 S: … magasin. Ça y est, j'ai compris. C'est une méthode qui familiarise les enfants avec les différents éléments de la phrase sous la forme d'un jeu créatif.

17|21 M: Je n'ai jamais eu de difficultés à l'école en grammaire, et je suis certain que c'est en partie grâce à ce jeu. J'adorais y jouer et mes amis aussi. Nous avons passé des heures à inventer des histoires de ce genre et c'était en fait un bon entraînement pour les devoirs sur table, plus tard.

Kapitel 18: Annäherung (Anfang)

18|01 S: Ich werde das Grammatikspiel mit Marc am Sonntag spielen, dann werde ich ihm dasjenige mit dem Neunereinmaleins zeigen.

18|02 M: Ich würde gerne seine Reaktion sehen.

18|03 S: Nun, Sie könnten vorbeikommen, Michel. Sind Sie am Sonntag noch da?

18|04 M: Schon möglich. Ein Geschäftspartner muss mir ein Fax schicken, das vielleicht sogar schon im Hotel angekommen ist. Wenn das Treffen am Montag abgehalten wird, bleibe ich sicher.

18|05 S: Das würde mir gefallen. Wann werden Sie es wissen?

18|06 M: Sobald ich in mein Hotel zurückkehre. Oder sofort, wenn Sie mir erlauben zu telefonieren.

18|07 S: Natürlich. Bitte schön!

18|08 M: Hallo, hier Michel Lebois, Zimmer Nr. 225. Ich erwarte ein Fax; könnten Sie schauen, ob … Es ist da, ah, sehr gut. Könnten Sie es mir bitte vorlesen? … Ah … hm … Gut, nun, vielen Dank. Auf Wiedersehen.

18|09 S: Also, Ihr Treffen?

18|10 M: Wird stattfinden. Das bedeutet, dass wir dieses Wochenende eine gewisse Zeit zusammen verbringen können, wenn Sie wollen …

18|11 S: Gerne, ja. Ich fühle mich in Ihrer Gesellschaft wohl.

18|12 M: Ich auch.

18|13 S: Ah, Sie sind auch gerne mit sich zusammen?

18|14 M: Na, Sie sehen doch, was ich sagen will.

18|15 S: Und was wollen Sie sagen?

18|16 M: Nun, dass ich Sie nett finde. Ich bin gerne mit Ihnen zusammen. Ich glaube, dass wir viele Gemeinsamkeiten haben.

18|17 S: Ich mag Sie auch, Michel. Sie sind ein interessanter Mann.

Dekodierte Fassung

Chapitre	Dix-huit:	Rapprochement	(début)
Kapitel	**Achtzehn:**	**Annäherung**	**(Anfang)**

18|01 S:

Je	jouerai	au	jeu	de	la	grammaire	dimanche	avec
Ich	**spielen_werde**	**zu_dem**	**Spiel**	**von**	**der**	**Grammatik**	**Sonntag**	**mit**

Marc,	ensuite	je	lui	montrerai	celui	de	la
Marc,	**dann**	**ich**	**ihm**	**zeigen_werde**	**dasjenige**	**von**	**dem**

table de multiplication	par	neuf.
Einmaleins	**mit**	**neun.**

18|02 M:

J'aimerais bien	voir	sa	réaction.
Ich_mögen_würde	**sehen**	**seine**	**Reaktion.**

18|03 S:

Eh bien,	vous	pourriez	passer,	Michel.	Êtes-vous	encore	là	dimanche?
Nun,	**Sie**	**könnten**	**vorbeikommen,**	**Michel.**	**Sind_Sie**	**noch**	**da**	**Sonntag?**

18|04 M: C'est possible. Une relation professionnelle doit m'envoyer un fax
Das_ist möglich. Ein Geschäftspartner muss mir_schicken ein Fax

qui est peut-être même déjà arrivé à l'hôtel. Si le
das ist vielleicht sogar schon angekommen in dem_Hotel. Falls das

rendez-vous tient pour lundi, je resterai certainement.
Treffen hält für Montag, ich bleiben_werde sicher.

18|05 S: Ça me ferait plaisir. Quand le saurez-vous?
Das mir machen_würde Vergnügen. Wann es wissen_werden_Sie?

18|06 M: Dès que je rentrerai à mon hôtel. Ou tout de suite,
Sobald dass ich zurückkehren_werde in mein Hotel. Oder sofort,

si vous me permettez de téléphoner.
falls Sie mir erlauben von telefonieren.

18|07 S: Bien sûr. Je vous en prie.
Natürlich. Ich Sie darum bitte.

18|08 M: Allô, ici Michel Lebois, chambre numéro 225. J'attends un fax;
Hallo, hier Michel Lebois, Zimmer Nummer 225. Ich_erwarte ein Fax;

pourriez-vous regarder si … Il est là, ah, très bien. Pourriez-vous me
könnten_Sie schauen ob … Es ist da, ah, sehr gut. Könnten_Sie mir

le lire, s'il vous plaît? … Ah … mhmh … Bon, eh bien, merci
es vorlesen, bitte? … Ah … hm … Gut, nun, danke

beaucoup. Au revoir.
viel. Auf_das Wiedersehen.

18|09 S: Alors, votre rendez-vous?
Also, Ihr Treffen?

18|10 M: C'est oui. Ça veut dire que nous allons pouvoir passer un
Es_ist ja. Das will sagen dass wir gehen zu können verbringen eine

certain temps ensemble ce week-end, si vous voulez bien …
gewisse Zeit zusammen dieses Wochenende, falls Sie wollen …

18|11 S: Volontiers, oui. Je me sens bien en votre compagnie.
Gerne, ja. Ich mich fühle wohl in Ihrer Gesellschaft.

18|12 M: Moi aussi.
Ich auch.

18|13 S: Ah, vous aussi, vous aimez bien être avec vous?
Ah, Sie auch, Sie mögen sein mit sich?

18|14 M: Enfin, vous voyez bien ce que je veux dire.
Na, Sie sehen wohl dies was ich will sagen.

18|15 S: Et que voulez-vous dire?
Und was wollen_Sie sagen?

18|16 M: Eh bien, que je vous trouve sympathique. J'aime bien être avec vous.
Nun, dass ich Sie finde nett. Ich_mag sein mit Ihnen.

Je crois que nous avons beaucoup de points communs.
Ich glaube dass wir haben viel von Gemeinsamkeiten.

18|17 S: Je vous aime bien aussi, Michel. Vous êtes un homme intéressant.
Ich Sie mag auch, Michel. Sie sind ein Mann interessanter.

Französische Fassung

Chapitre Dix-huit: Rapprochement (début)

18|01 S: Je jouerai au jeu de la grammaire dimanche avec Marc, ensuite je lui montrerai celui de la table de multiplication par neuf.

18|02 M: J'aimerais bien voir sa réaction.

18|03 S: Eh bien, vous pourriez passer, Michel. Êtes-vous encore là dimanche?

18|04 M: C'est possible. Une relation professionnelle doit m'envoyer un fax qui est peut-être même déjà arrivé à l'hôtel. Si le rendez-vous tient pour lundi, je resterai certainement.

18|05 S: Ça me ferait plaisir. Quand le saurez-vous?

18|06 M: Dès que je rentrerai à mon hôtel. Ou tout de suite, si vous me permettez de téléphoner.

18|07 S: Bien sûr. Je vous en prie.

18|08 M: Allô, ici Michel Lebois, chambre numéro 225. J'attends un fax; pourriez-vous regarder si … Il est là, ah, très bien. Pourriez-vous me le lire, s'il vous plaît? … Ah … mhmh … Bon, eh bien, merci beaucoup. Au revoir.

18|09 S: Alors, votre rendez-vous?

18|10 M: C'est oui. Ça veut dire que nous allons pouvoir passer un certain temps ensemble ce week-end, si vous voulez bien …

18|11 S: Volontiers, oui. Je me sens bien en votre compagnie.

18|12 M: Moi aussi.

18|13 S: Ah, vous aussi, vous aimez bien être avec vous?

18|14 M: Enfin, vous voyez bien ce que je veux dire.

18|15 S: Et que voulez-vous dire?

18|16 M: Eh bien, que je vous trouve sympathique. J'aime bien être avec vous. Je crois que nous avons beaucoup de points communs.

18|17 S: Je vous aime bien aussi, Michel. Vous êtes un homme intéressant.

Kapitel 19: Annäherung (Ende)

19|01 M: Wissen Sie, es ist seltsam, aber Sie haben mir sofort gefallen.

19|02 S: Wieso seltsam?

19|03 M: Tut mir leid, das ist nicht das, was ich sagen wollte. Was ich seltsam finde, ist, dass man Leute im Allgemeinen sofort oder überhaupt nicht mag. Ich kenne nur wenige Ausnahmen davon.

19|04 S: Ich bin Ihrer Ansicht. Wenn man jemanden mag, versucht man, ihn wiederzusehen, und lernt ihn daher besser kennen. Im gegenteiligen Fall versucht man nicht wirklich, ihn besser kennenzulernen.

19|05 M: In der Tat, der erste Eindruck kann stark sein. Und der erste Eindruck, den ich von Ihnen hatte, war sofort sehr positiv.

19|06 S: Welche Sache ist die erste, die Sie an mir bemerkt haben?

19|07 M: Ihr Lächeln!

19|08 S: Wirklich?

19|09 M: Überrascht Sie das? Warum?

19|10 S: Ich glaubte, dass Männer im Allgemeinen zuerst eine andere Sache bemerken.

19|11 M: Was zum Beispiel?

19|12 S: Nun, gewisse Kurven …

19|13 M: Manche Männer vielleicht. Oder vielleicht viele, das stimmt schon. Aber mich faszinieren Gesichter. Und nicht nur, wenn sie hübsch sind wie das Ihre …

19|14 S: Danke, Michel.

19|15 M: Ich mag ausdrucksvolle Gesichter, Gesichter, die Persönlichkeit verraten. Sehen Sie, was ich sagen will?

19|16 S: Ich glaube ja.

Dekodierte Fassung

Chapitre Dix-neuf: Rapprochement (fin)
Kapitel Neunzehn: Annäherung (Ende)

19|01 M: Vous savez, c'est bizarre, mais vous m'avez plu immédiatement.
Sie wissen, es_ist seltsam, aber Sie mir_haben gefallen sofort.

19|02 S: Comment ça, bizarre?
Wieso, seltsam?

19|03 M: Désolé, ce n'est pas ce que je voulais dire. Ce que
Tut_mir_leid, das nicht_ist nicht das was ich wollte sagen. Das was

je trouve bizarre, c'est qu'en général, on aime les gens
ich finde seltsam, es_ist dass_in dem Allgemeinen, man mag die Leute

tout de suite ou pas du tout. Je ne connais que peu
sofort oder nicht überhaupt. Ich nicht kenne anderes als wenige

d'exceptions à cela.
von_Ausnahmen zu dem.

19|04 S: Je suis de votre avis. Lorsqu'on aime quelqu'un, on cherche
Ich bin von Ihrer Ansicht. Wenn_man mag jemanden, man versucht

à le revoir et on fait donc plus ample connaissance.
zu ihn wiedersehen und man macht daher mehr breite Bekanntschaft.

Dans le cas contraire, on n'essaye pas vraiment de
In dem Fall gegenteiligen, man nicht_versucht nicht wirklich von

mieux le connaître.
besser ihn kennenlernen.

19|05 M: En effet, la première impression peut être forte. Et la première
In_der_Tat, der erste Eindruck kann sein stark. Und der erste

impression que moi, j'ai eu de vous a été très
Eindruck den ich, ich_habe gehabt von Ihnen hat gewesen sehr

positive, tout de suite.
positiv, sofort.

19|06 S: Quelle est la première chose que vous avez remarquée chez moi?
Welche ist die erste Sache die Sie haben bemerkt an mir?

19|07 M: Votre sourire!
Ihr Lächeln!

19|08 S: Vraiment?
Wirklich?

19|09 M: Cela vous surprend? Pourquoi?
Das Sie überrascht? Warum?

19|10 S: Je croyais qu'en général c'était autre chose que les
Ich glaubte dass_in dem Allgemeinen es_wäre andere Sache die die

hommes remarquaient d'abord.
Männer bemerkten zuerst.

19|11 M: Quoi, par exemple?
Was, zu Beispiel?

19|12 S: Eh bien, certaines courbes …
Nun, gewisse Kurven …

19|13 M: Certains hommes, peut-être. Ou peut-être beaucoup, c'est vrai. Mais
Manche Männer, vielleicht. Oder vielleicht viele, das_ist wahr. Aber

moi, ce sont les visages qui me fascinent. Et pas seulement
mich, es sind die Gesichter die mich faszinieren. Und nicht nur

s'ils sont jolis comme le vôtre …
falls_sie sind hübsch wie das Ihre …

19|14 S: Merci, Michel.
Danke, Michel.

19|15 M: J'aime les visages expressifs, les visages qui révèlent une
Ich_mag die Gesichter ausdrucksvollen, die Gesichter die verraten eine

personnalité. Vous voyez ce que je veux dire?
Persönlichkeit. Sie sehen das was ich will sagen?

19|16 S: Je crois, oui.
Ich glaube, ja.

Französische Fassung

Chapitre Dix-neuf: Rapprochement (fin)

19|01 M: Vous savez, c'est bizarre, mais vous m'avez plu immédiatement.
19|02 S: Comment ça, bizarre?
19|03 M: Désolé, ce n'est pas ce que je voulais dire. Ce que je trouve bizarre, c'est qu'en général, on aime les gens tout de suite ou pas du tout. Je ne connais que peu d'exceptions à cela.
19|04 S: Je suis de votre avis. Lorsqu'on aime quelqu'un, on cherche à le revoir et on fait donc plus ample connaissance. Dans le cas contraire, on n'essaye pas vraiment de mieux le connaître.
19|05 M: En effet, la première impression peut être forte. Et la première impression que moi, j'ai eu de vous a été très positive, tout de suite.
19|06 S: Quelle est la première chose que vous avez remarquée chez moi?
19|07 M: Votre sourire!
19|08 S: Vraiment?
19|09 M: Cela vous surprend? Pourquoi?
19|10 S: Je croyais qu'en général c'était autre chose que les hommes remarquaient d'abord.
19|11 M: Quoi, par exemple?
19|12 S: Eh bien, certaines courbes …
19|13 M: Certains hommes, peut-être. Ou peut-être beaucoup, c'est vrai. Mais moi, ce sont les visages qui me fascinent. Et pas seulement s'ils sont jolis comme le vôtre …
19|14 S: Merci, Michel.
19|15 M: J'aime les visages expressifs, les visages qui révèlent une personnalité. Vous voyez ce que je veux dire?
19|16 S: Je crois, oui.

Kapitel 20: Alter und Zeit

20|01 M: Ich finde auch, dass man natürlich altern muss. Ein Gesicht muss die Zeit, die vergeht, glaubhaft widerspiegeln. Ich glaube nicht an Liftings und all diese Tricks, mit denen man versucht, eine Sechzigjährige wie dreißig aussehen zu lassen!

20|02 S: Wie Joan Collins. Ich habe in einem Interview gelesen, dass sie ungefähr drei Stunden pro Tag brauchen würde, um „jung zu bleiben“, wie sie sagt.

20|03 M: Das ist so, als wollte man im Herbst den Frühling vortäuschen …

20|04 S: … oder im Winter Sommer spielen. Übrigens, wann ist Ihr Geburtstag?

20|05 M: Nächsten Monat. Am 29. Mai, um genau zu sein.

20|06 S: Das ist komisch. Ich habe am 29. September. Eigentlich hoffte meine Mutter, dass ich am 1. Oktober geboren werde, weil es der Geburtstag meines älteren Bruders ist. Aber ich hatte es eilig, auf die Welt zu kommen. Sie ist gerade noch rechtzeitig im Krankenhaus angekommen. Es war 10 Uhr, und ich wurde um Viertel nach zehn geboren.

20|07 M: Ich weiß überhaupt nicht, zu welcher Tages- oder Nachtzeit ich geboren bin. Übrigens, wie spät ist es?

20|08 S: Beinahe zwei Uhr morgens. Ich hätte nie geglaubt, dass es so spät oder besser so früh ist.

20|09 M: Ich auch nicht. Ich dachte, es wäre Mitternacht oder so.

20|10 S: Die Zeit vergeht schnell mit Ihnen, Michel.

20|11 M: Gute Zeit vergeht immer schneller. Und ich glaube, dass es an der Zeit ist zu gehen. Ich muss meinem Kunden noch ein Fax schicken, um das Treffen am Montag zu bestätigen. Aber wenn Sie morgen Zeit haben, könnten wir zusammen zu Mittag essen.

20|12 S: Sehr gern. Wie wär's mit einem Mittagessen bei mir zu Hause? Salat, Gemüse und Steak als Menü, wie wäre das?

20|13 M: Perfekt. Gegen 13 Uhr?

20|14 S: 13 Uhr, das geht. Gute Nacht oder vielmehr guten Tag, Michel.

20|15 M: Gute Nacht, Sophie. Schlafen Sie gut, und träumen Sie schön.

Dekodierte Fassung

Chapitre	Vingt:	Âge	et	temps
Kapitel	**Zwanzig:**	**Alter**	**und**	**Zeit**

20|01 M:

Je	trouve	aussi	qu'on	doit	vieillir	naturellement.	Un	visage	doit
Ich	**finde**	**auch**	**dass_man**	**muss**	**altern**	**natürlich.**	**Ein**	**Gesicht**	**muss**

refléter	fidèlement	le	temps	qui	passe.	Je	ne	crois	pas
widerspiegeln	**glaubhaft**	**die**	**Zeit**	**die**	**vergeht.**	**Ich**	**nicht**	**glaube**	**nicht**

aux	liftings	ni	à	tous	ces	trucs	qui	cherchent	à	donner	à
an_die	**Liftings**	**noch**	**an**	**all**	**diese**	**Tricks**	**die**	**versuchen**	**zu**	**geben**	**zu**

une	femme	de	soixante	ans	l'air	d'en	avoir	trente!
einer	**Frau**	**von**	**sechzig**	**Jahren**	**das_Aussehen**	**von_davon**	**haben**	**dreißig!**

20|02 S: Comme Joan Collins. J'ai lu dans une interview qu'il lui
Wie Joan Collins. Ich_habe gelesen in einem Interview dass_es ihr

fallait environ trois heures par jour pour «rester jeune», comme
nötig_wäre ungefähr drei Stunden pro Tag für „bleiben jung", wie

elle dit.
sie sagt.

20|03 M: C'est comme si on faisait semblant d'être au printemps en
Das_ist als ob man machte scheinend von_sein in_dem Frühling in

plein automne …
vollem Herbst …

20|04 S: … ou de jouer à l'été en hiver. À propos, votre
… oder von spielen in dem_Sommer in Winter. Übrigens, **Ihr**

anniversaire, c'est quand?
Geburtstag, das_ist wann?

20|05 M: Le mois prochain. Le vingt-neuf mai, exactement.
Den Monat nächsten. Den zwanzig_neun Mai, genau.

20|06 S: C'est drôle. Moi, c'est le vingt-neuf septembre. En fait,
Das_ist komisch. Ich, das_ist der zwanzig_neun September. Eigentlich,

ma mère espérait que je naisse le premier octobre
meine Mutter hoffte dass ich geboren_werde den ersten Oktober

parce que c'est l'anniversaire de mon frère aîné. Mais
weil dass es_ist der_Geburtstag von meinem Bruder älteren. Aber

j'étais pressée de venir au monde. C'est tout juste si elle
ich_war eilig von kommen in_die Welt. Es_ist gerade_noch dass sie

est arrivée à l'hôpital à temps. Il était dix heures
ist angekommen an dem_Krankenhaus rechtzeitig. Es war zehn Uhr

et je suis née à dix heures et quart.
und ich bin geboren um zehn Uhr und Viertel.

20|07 M: Moi, je ne sais pas du tout à quelle heure du jour
Ich, ich nicht weiß nicht überhaupt zu welcher Stunde von_dem Tag

ou de la nuit je suis né. À propos, quelle heure est-il?
oder von der Nacht ich bin geboren. Übrigens, welche Stunde ist_es?

20|08 S: Presque deux heures du matin. Je n'aurais jamais cru
Beinahe zwei Uhr von_dem Morgen. Ich nicht_hätte niemals geglaubt

qu'il était si tard, ou disons si tôt!
dass_es wäre so spät, oder sagen wir so früh!

20|09 M: Moi non plus. Je pensais qu'il était minuit, quelque chose
Ich ebenso_wenig. Ich dachte dass_es wäre Mitternacht, etwas

comme ça.
so.

20|10 S: Le temps passe à une vitesse avec vous, Michel.
Die Zeit vergeht schnell mit Ihnen, Michel.

20|11 M: Le bon temps passe toujours plus vite. Et je crois qu'il
Die gute Zeit vergeht immer mehr schnell. Und ich glaube dass_es

est temps que je parte. Je dois encore envoyer un fax à
ist Zeit dass ich losgehe. Ich muss noch schicken ein Fax zu

mon client pour confirmer mon rendez-vous de lundi. Mais
meinem Kunden für bestätigen mein Treffen von Montag. Aber

si vous êtes libre demain, on pourrait déjeuner ensemble.
falls Sie sind frei morgen, man könnte zu_Mittag_essen zusammen.

20|12 S: Très volontiers. Et si nous déjeunions chez moi?
Sehr gern. Und falls wir zu_Mittag_essen_würden bei mir zu

Salade, légumes et steak, comme menu, ça vous va?
Hause? Salat, Gemüse und Steak, als Menü, das Ihnen geht?

20|13 M: Parfait. Vers 13 heures?
Perfekt. Gegen 13 Uhr?

20|14 S: 13 heures, ça marche. Bonne nuit, ou plutôt bonjour, Michel.
13 Uhr, das geht. Gute Nacht, oder vielmehr guten_Tag, Michel.

20|15 M: Bonne nuit, Sophie. Dormez bien et faites de beaux rêves.
Gute Nacht, Sophie. Schlafen Sie gut und machen Sie von schönen Träumen.

Französische Fassung

Chapitre Vingt: Âge et temps

20|01 M: Je trouve aussi qu'on doit vieillir naturellement. Un visage doit refléter fidèlement le temps qui passe. Je ne crois pas aux liftings ni à tous ces trucs qui cherchent à donner à une femme de soixante ans l'air d'en avoir trente!

20|02 S: Comme Joan Collins. J'ai lu dans une interview qu'il lui fallait environ trois heures par jour pour «rester jeune», comme elle dit.

20|03 M: C'est comme si on faisait semblant d'être au printemps en plein automne …

20|04 S: … ou de jouer à l'été en hiver. À propos, votre anniversaire, c'est quand?

20|05 M: Le mois prochain. Le vingt-neuf mai, exactement.

20|06 S: C'est drôle. Moi, c'est le vingt-neuf septembre. En fait, ma mère espérait que je naisse le premier octobre parce que c'est l'anniversaire de mon frère aîné. Mais j'étais pressée de venir au monde. C'est tout juste si elle est arrivée à l'hôpital à temps. Il était dix heures et je suis née à dix heures et quart.

20|07 M: Moi, je ne sais pas du tout à quelle heure du jour ou de la nuit je suis né. À propos, quelle heure est-il?

20|08 S: Presque deux heures du matin. Je n'aurais jamais cru qu'il était si tard, ou disons si tôt!

20|09 M: Moi non plus. Je pensais qu'il était minuit, quelque chose comme ça.

20|10 S: Le temps passe à une vitesse avec vous, Michel.

20|11 M: Le bon temps passe toujours plus vite. Et je crois qu'il est temps que je parte. Je dois encore envoyer un fax à mon client pour confirmer mon rendez-vous de lundi. Mais si vous êtes libre demain, on pourrait déjeuner ensemble.

20|12 S: Très volontiers. Et si nous déjeunions chez moi? Salade, légumes et steak, comme menu, ça vous va?

20|13 M: Parfait. Vers 13 heures?

20|14 S: 13 heures, ça marche. Bonne nuit, ou plutôt bonjour, Michel.

20|15 M: Bonne nuit, Sophie. Dormez bien et faites de beaux rêves.

Epilog: Wie man weitermacht

2E|01 M: Wir sind also am Ende des zweiten Teils dieses Französischkurses.

2E|02 S: Sie verfügen nunmehr über gute Grundlagen. Sie können die Birkenbihl-Methode ausreichend gut einsetzen. Sie kennen eine große Anzahl von Wörtern, ohne dass Sie jemals ganze Listen davon zu lernen hatten. Sie mussten auch keine Grammatikregeln auswendig lernen.

2E|03 M: Sie werden wahrscheinlich weitermachen wollen. Denn jetzt, wo Sie den ersten Teil hinter sich haben, der der schwierigste Teil einer Reise in eine fremde Sprache ist, wird das Weitermachen immer leichter. Es wäre daher schade, hier aufzuhören.

2E|04 S: Lassen Sie sich nicht davon abhalten, diesen Kurs hin und wieder anzuhören, damit sein Inhalt Ihnen noch vertrauter wird.

2E|05 M: Umgeben Sie sich regelmäßig mit Leuten, die Französisch sprechen. Das ist so, als ob Sie im Land wären. Denn eigentlich lernt man eine Sprache immer im Land selbst am schnellsten.

2E|06 S: Im Ausland ist man in ein Sprachbad getaucht. Ob man in ein Geschäft oder ein Restaurant, zum Bahnhof oder auf die Straße geht, man hört ständig, wie die Sprache gesprochen wird.

2E|07 M: Wenn Sie diesen Kurs also oft anhören, passiv, das heißt während Sie andere Dinge tun, oder aktiv, während Sie zum Beispiel spazieren gehen oder reisen, vertiefen Sie ständig Ihre Kenntnisse der Sprache.

2E|08 S: Sie haben den schwierigsten Teil Ihrer Reise in die französische Sprache hinter sich. Bravo und viel Glück für die folgenden Schritte. Auf Wiedersehen.

2E|09 M: Auf Wiedersehen. All unsere Wünsche begleiten Sie.

Dekodierte Fassung

Épilogue:	Comment	continuer
Epilog:	**Wie**	**weitermachen**

2E|01 M:

Nous	sommes	donc	à	la	fin	de	la	deuxième	partie	de	ce
Wir	**sind**	**also**	**an**	**dem**	**Ende**	**von**	**dem**	**zweiten**	**Teil**	**von**	**diesem**

cours	de	français.
Kurs	**von**	**Französisch.**

2E|02 S:

Désormais,	vous	disposez	de	bonnes	bases.	Vous	savez
Nunmehr,	**Sie**	**verfügen**	**von**	**guten**	**Grundlagen.**	**Sie**	**wissen**

suffisamment	bien	utiliser	la	Méthode	Birkenbihl.	Vous	connaissez	un
ausreichend	**gut**	**einsetzen**	**die**	**Methode**	**Birkenbihl.**	**Sie**	**kennen**	**eine**

grand	nombre	de	mots	sans	jamais	avoir	eu	à	en
große	**Anzahl**	**von**	**Wörtern**	**ohne**	**niemals**	**haben**	**gehabt**	**zu**	**davon**

apprendre	des	listes	entières.	Vous	n'avez	pas	eu	besoin
lernen	**von_den**	**Listen**	**ganzen.**	**Sie**	**nicht_haben**	**nicht**	**gehabt**	**Bedarf**

non plus	d'apprendre	par cœur	des	règles	de	grammaire.
ebenso_wenig	**von_lernen**	**auswendig**	**von_den**	**Regeln**	**von**	**Grammatik.**

2E|03 M: Vous souhaitez sans doute aller plus loin. Car maintenant que
Sie wünschen wahrscheinlich gehen mehr weit. Denn jetzt dass

vous avez derrière vous la première partie, la plus difficile
Sie haben hinter sich den ersten Teil, den meist schwierigen

du voyage dans une langue étrangère, la suite sera
von_der Reise in eine Sprache fremde, das Weitermachen sein_wird

de plus en plus facile. Il serait donc dommage de s'arrêter là.
immer_mehr leicht. Es wäre daher schade von sich_anhalten da.

2E|04 S: Cela ne doit pas vous empêcher de réécouter ce cours
Das nicht muss nicht Sie abhalten von wiederanhören diesen Kurs

de temps en temps pour que son contenu vous soit encore plus familier.
hin_und_wieder damit sein Inhalt Ihnen sei noch mehr vertraut.

2E|05 M: Entourez-vous régulièrement de gens qui parlent français. Ce
Umgeben_Sie_sich regelmäßig von Leuten die sprechen Französisch. Das

sera comme si vous étiez dans le pays. Car en fait,
sein_wird als ob Sie wären in dem Land. Denn eigentlich,

c'est dans le pays lui-même qu'on apprend toujours le plus
es_ist in dem Land ihm_selbst dass_man lernt immer das meist

vite une langue.
Schnelle eine Sprache.

2E|06 S: À l'étranger, on est plongé dans un bain linguistique. Qu'on
In dem_Ausland, man ist getaucht in ein Bad sprachliches. Dass_man

aille dans un magasin ou un restaurant, dans une gare ou
gehe in ein Geschäft oder ein Restaurant, in einen Bahnhof oder

dans la rue, on entend constamment parler la langue.
in die Straße, man hört ständig sprechen die Sprache.

2E|07 M: Donc, si vous écoutez souvent ce cours, passivement, c'est-à-dire
Also, falls Sie anhören oft diesen Kurs, passiv, das_heißt

en faisant autre chose ou bien activement, en vous
da‿ bei machend andere Sache oder aktiv, da‿ bei sich

promenant ou en voyageant par exemple, vous approfondirez
spazierend oder da‿ bei reisend zu Beispiel, Sie vertiefen_werden

constamment votre connaissance de la langue.
ständig Ihre Kenntnis von der Sprache.

2E|08 S: Vous avez derrière vous la partie la plus difficile de votre
Sie haben hinter sich den Teil den meist schwierigen von Ihrer

voyage dans la langue française. Bravo et bonne chance pour les
Reise in die Sprache französische. Bravo und gutes Glück für die

étapes suivantes. Au revoir.
Schritte folgenden. Auf_das Wiedersehen.

2E|09 M: Au revoir. Tous nos vœux vous accompagnent.
Auf_das Wiedersehen. All unsere Wünsche Sie begleiten.

Französische Fassung

Épilogue: Comment continuer

2E|01 M: Nous sommes donc à la fin de la deuxième partie de ce cours de français.

2E|02 S: Désormais, vous disposez de bonnes bases. Vous savez suffisamment bien utiliser la Méthode Birkenbihl. Vous connaissez un grand nombre de mots sans jamais avoir eu à en apprendre des listes entières. Vous n'avez pas eu besoin non plus d'apprendre par cœur des règles de grammaire.

2E|03 M: Vous souhaitez sans doute aller plus loin. Car maintenant que vous avez derrière vous la première partie, la plus difficile du voyage dans une langue étrangère, la suite sera de plus en plus facile. Il serait donc dommage de s'arrêter là.

2E|04 S: Cela ne doit pas vous empêcher de réécouter ce cours de temps en temps pour que son contenu vous soit encore plus familier.

2E|05 M: Entourez-vous régulièrement de gens qui parlent français. Ce sera comme si vous étiez dans le pays. Car en fait, c'est dans le pays lui-même qu'on apprend toujours le plus vite une langue.

2E|06 S: À l'étranger, on est plongé dans un bain linguistique. Qu'on aille dans un magasin ou un restaurant, dans une gare ou dans la rue, on entend constamment parler la langue.

2E|07 M: Donc, si vous écoutez souvent ce cours, passivement, c'est-à-dire en faisant autre chose ou bien activement, en vous promenant ou en voyageant par exemple, vous approfondirez constamment votre connaissance de la langue.

2E|08 S: Vous avez derrière vous la partie la plus difficile de votre voyage dans la langue française. Bravo et bonne chance pour les étapes suivantes. Au revoir.

2E|09 M: Au revoir. Tous nos vœux vous accompagnent.

Sämtliche Sprachkurse und Seminar-Videos finden Sie auf

www.birkenbihl-sprachen.de

sowie

www.birkenbihl.tv

Die Internetangebote werden laufend aktualisiert und erweitert.